Igualdad de género en Chile

HACIA UNA MEJOR DISTRIBUCIÓN DEL TRABAJO REMUNERADO Y NO REMUNERADO

OCDE

El presente trabajo se publica bajo la responsabilidad del Secretario General de la OCDE. Las opiniones expresadas y los argumentos utilizados en el mismo no reflejan necesariamente el punto de vista oficial de los países miembros de la OCDE.

Tanto este documento, así como cualquier dato y cualquier mapa que se incluya en él, se entenderán sin perjuicio respecto al estatus o la soberanía de cualquier territorio, a la delimitación de fronteras y límites internacionales, ni al nombre de cualquier territorio, ciudad o área.

Los datos estadísticos para Israel son suministrados por y bajo la responsabilidad de las autoridades israelíes competentes. El uso de estos datos por la OCDE es sin perjuicio del estatuto de los Altos del Golán, Jerusalén Este y los asentamientos israelíes en Cisjordania bajo los términos del derecho internacional.

Nota de Turquía
La información del presente documento en relación con "Chipre" se refiere a la parte sur de la Isla. No existe una sola autoridad que represente en conjunto a las comunidades turcochipriota y grecochipriota de la Isla. Turquía reconoce a la República Turca del Norte de Chipre (RTNC). Mientras no haya una solución duradera y equitativa en el marco de las Naciones Unidas, Turquía mantendrá su postura frente al "tema de Chipre".

Nota de todos los Estados Miembros de la Unión Europea que pertenecen a la OCDE y de la Unión Europea
Todos los miembros de las Naciones Unidas, con excepción de Turquía, reconocen a la República de Chipre. La información contenida en el presente documento se refiere a la zona sobre la cual el Gobierno de la República de Chipre tiene control efectivo.

Por favor, cite esta publicación de la siguiente manera:
OECD (2021), *Igualdad de género en Chile: Hacia una mejor distribución del trabajo remunerado y no remunerado*, OECD Publishing, Paris, *https://doi.org/10.1787/c7105c4d-es*.

ISBN 978-92-64-80391-6 (impresa)
ISBN 978-92-64-37060-9 (pdf)

Publicado originalmente por la OCDE en inglés con el título: OECD (2021), *Gender Equality in Chile: Towards a better sharing of paid and unpaid work, https://doi.org/10.1787/6cc8ea3e-en*.
Traducido por el Ministerio de la Mujer y la Equidad de Género, Chile. Las únicas versiones oficiales son los textos en inglés y/o francés. La calidad de la traducción y su coherencia con el texto en idioma original son responsabilidad exclusiva del Ministerio de la Mujer y la Equidad de Género, Chile.

Imágenes: Portada © Ana Lucía Soto.

Las erratas de las publicaciones se encuentran en línea en: *www.oecd.org/about/publishing/corrigenda.htm*.
© OCDE 2021

Prólogo

El estudio de la OCDE sobre la *Equidad de Género en Chile* es el primero de una serie que aborda a los países de América Latina y el Caribe sobre este tema en particular. Este estudio sitúa las brechas de género de los resultados laborales y educacionales de Chile en un contexto comparativo, profundizando en aquellos factores que contribuyen a la desigualdad de resultados, incluyendo la distribución desigual de labores no remuneradas. El estudio investiga además la forma en que las políticas y programas existentes en Chile pueden contribuir a que esta distribución sea más equitativa, ofreciendo sugerencias para fortalecerlos.

Cerrar las brechas de género en lo que se refiere a obligaciones laborales remuneradas y no remuneradas no es sólo un imperativo moral y social, sino también un eje central de cualquier estrategia exitosa para un crecimiento más robusto, sustentable e inclusivo. La crisis del COVID19 y las medidas de cuarentena correspondientes colocaron esta causa en lo más alto de la agenda de todos los países, al demostrar de una manera sin precedentes que, si no se aborda la división desigual del trabajo entre géneros, las mujeres seguirán teniendo dificultades para alcanzar los ingresos y seguridad financiera de los hombres.

La OCDE por mucho tiempo ha defendido la igualdad de género. Basándose en este extenso trabajo, la iniciativa de Género de la OCDE examina las barreras existentes para la igualdad de género en la educación, empleo y emprendimiento. La OCDE promueve activamente las medidas políticas incluidas en las Recomendaciones de la OCDE sobre la Igualdad de Género en la Educación, el Empleo, el Emprendimiento y la Vida Pública de 2013 y 2015. Éstas incluyen medidas para garantizar el acceso a una educación de buena calidad para niños y niñas, políticas para mejorar el equilibrio de género en los liderazgos del sector público y proporcionar tanto a padres como madres incentivos financieros para utilizar el permiso parental y opciones laborales flexibles.

La emblemática publicación de 2012 Closing the Gender Gap: Act Now! (Cerrando las Brechas de Género: ¡Es Hora de Actuar!) y el informe de 2017 The Pursuit of Gender Equality: An Uphill Battle (La búsqueda de la Igualdad de Género: Una batalla Cuesta Arriba) evaluaron las políticas para promover la igualdad de género en diferentes países. Estas evaluaciones de países reportaron novedosas iniciativas de políticas como NiñaSTEM PUEDEN, que la OCDE y la Secretaría de Educación Pública de México lanzaron conjuntamente. El Portal de Datos de Género de la OCDE en línea se ha convertido en una de las principales fuentes mundiales de indicadores estadísticos femeninos sobre educación, empleo, emprendimiento, participación política y resultados socioeconómicos. El Índice de Instituciones Sociales y Género (SIGI, por sus siglas en inglés) del Centro de Desarrollo de la OCDE mide la discriminación de las mujeres en las instituciones sociales de 180 países.

La OCDE también fue instrumental para definir el objetivo adoptado por los líderes del G20 en su Cumbre de Brisbane de 2014 para reducir la brecha de género en la participación de la fuerza laboral en un 25% hacia el 2025. La OCDE sigue colaborando estrechamente con las presidencias del G20 y del G7 en el seguimiento del progreso para reducir estas diferencias de género.

Basándose en estas iniciativas, *Igualdad de Género de Chile* propone una estrategia política global para lograr una mayor igualdad de género en el país. La primera parte del informe revisa los datos sobre las brechas de género en los resultados económicos y educativos y posibles activadores, incluyendo las actitudes de género y la distribución del trabajo no remunerado. La segunda parte genera un marco acabado de políticas para crear una distribución equitativa del trabajo remunerado y no remunerado entre hombres y mujeres y para aumentar los ingresos laborales de las mujeres. Esta parte presenta una amplia gama de opciones viables para facilitar una distribución equitativa del trabajo no remunerado entre parejas, reducir la carga global de trabajo no remunerado que recae sobre las mujeres y aumentar los ingresos laborales de las mismas. La parte final incorpora el impacto de la crisis del COVID19 y aborda cómo han cambiado las prioridades políticas del gobierno para dimensionar dicho impacto.

Los objetivos de *Igualdad de Género de Chile* se alinean con el Objetivo 5 de los Objetivos de Desarrollo Sostenible de la ONU para un futuro mejor y más sustentable para todos que incluya el logro de una igualdad de género y el empoderamiento de todas las mujeres y niñas. En específico, el Objetivo 5.4 establece la importancia de "*Reconocer y valorar los cuidados no remunerados y el trabajo doméstico no remunerado mediante la prestación de servicios públicos, la provisión de infraestructuras y la formulación de políticas de protección social, así como mediante la promoción de la responsabilidad compartida en el hogar y la familia, según proceda en cada país.*"

Agradecimientos

Este informe es parte de una serie de proyectos de países dentro del programa de trabajo de la OCDE sobre *La Igualdad de Género en América Latina: Hacia un mejor reparto del trabajo remunerado y no remunerado*. El informe fue elaborado con un sustancial apoyo financiero de la Unión Europea (UE), como parte del Instrumento Regional para el Desarrollo en Transición.

El equipo de la OCDE agradece al *Ministerio de la Mujer y la Equidad de Género* por su valiosa orientación, aportes y comentarios a lo largo del proyecto y su asistencia en la convocatoria y organización de la misión de la OCDE en Santiago de Chile y posteriores consultas virtuales. En particular, el equipo desea expresar sus agradecimientos a Mónica Zalaquett, Ministra de la Mujer y Equidad de Género, María José Abud, Subsecretaria del Ministerio de la Mujer y la Equidad de Género, María José Díaz, Jefa División de Estudios, Stefania Doebbel, Jefa Departamento Relaciones Internacionales, Evelyn Larenas y Claudia González, Analistas Investigadoras de la División de Estudios. También deseamos expresar nuestros agradecimientos a Marta Bonet, Representante Permanente Alterna de Chile ante la OCDE, por su continuo apoyo para facilitar el enlace entre los equipos del Ministerio y de la OCDE.

El proyecto de la OCDE sobre la *Igualdad de Género en América Latina* es un esfuerzo horizontal que cuenta con la participación de la Secretaría de Relaciones Globales de la OCDE y la Dirección de Empleo, Trabajo y Asuntos Sociales de la OCDE. José Antonio Ardavín, Jefe de la División para América Latina y el Caribe, Secretaría de Relaciones Globales de la OCDE y Alessandro Goglio, Jefe de Países Asociados, Dirección de Empleo, Trabajo y Asuntos Sociales se encargaron de la coordinación y apoyo.

El informe fue elaborado por Alessandro Goglio (director del proyecto), Sarah Kups, Dirección de Empleo, Trabajo y Asuntos Sociales de la OCDE y Sofia Blamey Andrusco, Relaciones Globales de la OCDE. Stefano Scarpetta, Director de la Dirección de Empleo, Trabajo y Asuntos Sociales de la OCDE, Mark Pearson, Director Adjunto de la Dirección de Empleo, Trabajo y Asuntos Sociales de la OCDE, Monika Queisser, Consejera Principal, Dirección de Empleo, Trabajo y Asuntos Sociales y líder del Proyecto Horizontal de Igualdad de Género de la OCDE, Andreas Schaal, Directora de Relaciones Globales de la OCDE, contribuyeron con la supervisión estratégica del proyecto, así como con sus comentarios. Lorenzo Pavone, Hyeshin Park, Alejandra María Meneses y Pierre De Boisséon (Centro de Desarrollo de la OCDE), Marta Encinas-Martin y Yuri Belfali (Dirección de Educación y Competencias de la OCDE), Carlos Conde y Gaëlle Ferrant (Relaciones Globales de la OCDE) y el Consejo Editorial de Relaciones Globales de la OCDE aportaron útiles comentarios al borrador del informe.

Vanessa Berry Chatelain, Sébastien Mefflet, Julie Whitelock, Yomaira López y Ana Lucía Soto (Relaciones Globales de la OCDE), Brigitte Beyeler y Lucy Hulett (Dirección de Empleo, Trabajo y Asuntos Sociales de la OCDE), aportaron un valioso apoyo a la organización de la misión y diseño del informe, planificación de la publicación, corrección del texto y apoyo editorial.

La OCDE desea expresar sus sinceros agradecimiento al Instrumento de la UE para el Desarrollo en Transición en América Latina y el Caribe por su apoyo y contribución financiera a este proyecto.

Índice de contenidos

FIGURAS

CUADROS

Siga las publicaciones de la OCDE en:

http://twitter.com/OECD_Pubs

http://www.facebook.com/OECDPublications

http://www.linkedin.com/groups/OECD-Publications-4645871

http://www.youtube.com/oecdilibrary

http://www.oecd.org/oecddirect/

Resumen ejecutivo

Durante las últimas décadas, la igualdad de género en Chile ha avanzado en varias dimensiones importantes. Los logros educacionales han mejorado significativamente de un grupo de edad al siguiente, tanto para hombres como para mujeres, y en la actualidad las mujeres jóvenes superan a los hombres jóvenes en términos de resultados educacionales. La proporción de titulados en la educación superior es mayor entre las mujeres jóvenes que entre los hombres jóvenes y el rendimiento de la educación es ligeramente superior en las mujeres.

Sin embargo, a pesar de estos logros, siguen existiendo diferencias sociales y económicas básicas entre los sexos. La tradicional visión del hombre que mantiene y provee para su familia y la mujer que se queda en casa y cuida del hogar sigue siendo común en Chile, lo cual significa que las mujeres dedican más horas al cuidado de los niños y labores domésticas. Como resultado, la combinación de horas de trabajo remunerado y no remunerado de mujeres empleadas supera a la de los hombres empleados en 12 horas en lo que se refiere al trabajo semanal. Aún si las mujeres ampliaran su trabajo fuera del hogar, probablemente seguirían realizando muchas labores comúnmente percibidas como "trabajo femenino" dadas las posturas y estereotipos existentes.

La desigual distribución de horas laborales y tareas afecta los logros económicos de las mujeres y hombres. La tasa de empleo femenino en Chile es casi 20 puntos porcentuales inferior a la masculina, una brecha mucho mayor que la media de los países de la OCDE. La maternidad tiene un fuerte impacto y, aunque las madres de niños pequeños generalmente sólo se retiran temporalmente del mercado laboral, es más probable que trabajen a media jornada o informalmente al regresar a sus labores.

Las mujeres que trabajan en Chile ganan significativamente menos que los hombres. La proporción de mujeres que ganan un salario bajo es aproximadamente 1,6 veces mayor a la de los hombres en Chile y las mujeres tienen menos probabilidades de ascender a puestos directivos. Aunque en la actualidad muchas mujeres jóvenes cuentan con más años de escolaridad que los hombres, las niñas tienen muchas menos probabilidades de estudiar en los lucrativos campos de la ciencia, la tecnología, la ingeniería y las matemáticas (STEM, por sus siglas en inglés).

La pandemia del COVID19 ha expuesto retos preexistentes de una forma sin precedentes. Cuatro quintos de las mujeres chilenas que dejaron de trabajar durante la pandemia no buscaron un nuevo empleo. A la larga, esta precipitación masiva de inactividad del mercado laboral es una indicación de que muchas mujeres asumieron aún más labores de cuidado. Esto ha desencadenado problemas de estrés y salud mental y un recrudecimiento en los episodios de violencia contra las mujeres.

El estudio de la OCDE sobre la *Igualdad de Género en Chile* propone una estrategia política global para abordar las desigualdades de género. En primer lugar, pide que se establezcan políticas sólidas que tengan como objetivo reducir las barreras que se interponen en el camino de una asignación más equitativa del tiempo y responsabilidades entre hombres y mujeres. En segundo lugar, sostiene que existe margen para incrementar la participación de la mujer en el mercado laboral en donde se garantice que el trabajo remunerado de las mujeres sea mejor remunerado. Finalmente, examina cómo la pandemia del COVID19 ha dejado al descubierto la extensión de los desafíos preexistentes.

Principales recomendaciones para reducir las barreras para distribuir trabajos remunerados y no remunerados de forma más equitativa:

- Crear un sistema de cuidados más completo mediante la expansión de la educación formal de la primera infancia y cuidados extraescolares, y mediante una inversión en los cuidados a largo plazo.
- Ampliar las licencias parentales estableciendo semanas reservadas para permisos de paternidad como parte del permiso parental. Al mismo tiempo, un aumento de la cobertura de los beneficios de maternidad y paternidad requiere del respaldo de políticas más amplias que favorezcan su formalización.
- Reforzar las opciones de trabajo flexible permitiendo horarios de inicio más adaptables y el teletrabajo para reducir la escasez de tiempo que sufren los padres debido a largas jornadas de trabajo, desplazamientos y obligaciones familiares.
- Continuar con los esfuerzos para reducir la transmisión de estereotipos de género en la educación, tanto mediante capacitaciones para crear consciencia en los profesores sobre las actitudes y estereotipos de género como la participación de las familias en el proceso de generación de una educación sensible al género.

Principales recomendaciones para que el trabajo remunerado de las mujeres sea más rentable:

- Garantizar el acceso a una educación de calidad para todos, proporcionando apoyo adicional a niñas vulnerables y madres adolescentes, y recompensando y comunicando los beneficios de completar los estudios.
- Continuar con el esfuerzo de promover mujeres a puestos de liderazgo, reforzando la presencia femenina a nivel ejecutivo, especialmente en empresas del sector privado. Esto debería reforzarse mediante la intensificación de mecanismos de monitorización y evaluación de la igualdad de oportunidades e igualdad de remuneración para trabajos equivalentes.
- Intensificar los esfuerzos para fomentar en las niñas un interés por carreras no tradicionales como las ciencias, la tecnología y las matemáticas (STEM, por sus siglas en inglés), incluyendo un apoyo de programas de mentoría y dedicar más esfuerzos para difundir modelos positivos de rol.
- Apoyar el emprendimiento femenino mediante la modernización de las leyes de matrimonio. Para ello se debe eliminar las normativas tradicionales, las que, al considerar al marido como el administrador de los bienes conyugales, reducen la capacidad de la mujer para solicitar garantías colaterales.
- Combatir la violencia contra las mujeres reduciendo las barreras que impiden a las víctimas de violencia y acoso sexual acceder al sistema judicial, y fomentar y garantizar procesos de denuncia seguros para las víctimas.

Respuesta a la pandemia del COVID19:

- Facilitar el acceso de los hogares de bajos ingresos -en particular los monoparentales, los cuales son predominantemente femeninos- a beneficios y programas de seguridad social que apoyen a las familias en su conjunto y permitan a las mujeres retornar al empleo formal.
- Prevenir un aumento de la inactividad y exclusión de las mujeres de la fuerza laboral formal, informando activamente a las empresas cómo disminuir las horas laborales y permitir opciones de

trabajo flexibles, proporcionar alivio a los padres que trabajan y gestionar las indemnizaciones por despido derivadas de despidos temporales y licencias por enfermedad.

- Intensificar el acceso a medidas de emergencia para mujeres independientes, especialmente aquellas que no tienen acceso a seguro de empleo.

- Continuar con los esfuerzos para rechazar la aceptación social de la violencia doméstica, enfocándose en la forma en que el problema afecta a mujeres y niños confinados. Las medidas para fomentar la introducción de modos de comunicación electrónicos para buscar asistencia y denunciar abusos deben complementarse con medidas que garanticen que la prestación de servicios a las víctimas sea accesible e integral en todo el país y en las esferas pertinentes.

Las medidas de políticas económicas y sociales mencionadas anteriormente deben integrarse a un esfuerzo más amplio en donde se incorpore la perspectiva de género a las respuestas de los gobiernos para la crisis COVID19. A corto plazo, esto significa, en la medida que sea posible, aplicar una óptica de género a las políticas de emergencia. A más largo plazo, significa que el gobierno debe contar con un sistema de integración de la perspectiva de género que opere bien y con fácil acceso a datos desglosados por género en todos los sectores, de modo que se pueda evaluar fácilmente el impacto diferenciado en mujeres y hombres.

1 Brechas de género en Chile: Una comparación internacional y subnacional

En este capítulo se analiza la evidencia sobre brechas de género en los resultados económicos y educacionales de Chile y discute los factores condicionantes de estas brechas. Comienza con una visión general de las brechas de género de los resultados educacionales y del mercado laboral en diferentes dimensiones (tasas de matrícula y extraescolar, resultados de competencias y participación en el mercado laboral, brechas salariales de género e interacciones entre la maternidad y acceso a calidad laboral). A continuación, se analizan los factores que contribuyen a estas brechas (trabajo no remunerado, actitudes, barreras legales, rol que desempeña la violencia y acceso a centros de atención). Además de comparar a Chile con otros países latinoamericanos y de la OCDE, este capítulo aborda la articulación de las diferencias de género entre grupos socioeconómicos. Esto incluye prestar atención al análisis de las diferencias urbanas versus las rurales y las diferencias entre niveles de educación, etarios e ingresos.

En las últimas décadas, Chile ha tenido impresionantes avances para potenciar los logros educacionales de los niños y de las niñas, en particular. En la actualidad, la cantidad de jóvenes adultos de ambos sexos que no obtienen por lo menos un título de educación media es tan reducido en Chile como lo es en la media de la OCDE. Más aún, una porción levemente superior de mujeres jóvenes en comparación con los hombres son egresadas universitarias. Las mujeres participan cada vez más en el mercado laboral y, aunque la diferencia entre las tasas de empleo masculinas y femeninas siguen siendo más pronunciadas en comparación con la OCDE, no es necesariamente mayor que la de otros países latinoamericanos.

Sin embargo, en Chile, al igual que otros países de América Latina y el resto del mundo, queda mucho por hacer para reducir las brechas de género y garantizar los beneficios de una distribución más equitativa del trabajo remunerado y no remunerado para el bienestar familiar y el desarrollo del capital humano (véase el Recuadro 1.1). Las mujeres chilenas son menos propensas a trabajar de forma remunerada, especialmente a jornada completa. Por el contrario, suelen pasar más horas cuidando a niños y adultos mayores, realizando labores domésticas, comprando comida, cocinando, etc.

Esta desigual distribución del trabajo remunerado y no remunerado no es simplemente un intercambio equitativo por medio del cual las mujeres intercambian una "unidad" de trabajo no remunerado por una "unidad" de trabajo remunerado con sus parejas. De hecho, en toda la OCDE, pero aún más drásticamente en Chile y América Latina en general, la carga de trabajo total de las mujeres -es decir, el total de horas de trabajo remunerado y no remunerado combinadas- supera a la de los hombres por un amplio margen. Además, las desigualdades de género varían mucho entre grupos socioeconómicos -entre generaciones más jóvenes y mayores, zonas urbanas y rurales, poblaciones indígenas y no indígenas y hogares con dos padres y monoparentales.

En este capítulo se revisa el contexto bajo el cual se generan las brechas de género en Chile y su impacto en la distribución de obligaciones de trabajo remunerado y no remunerado. Éste describe las brechas de género en los resultados educacionales y laborales, junto con las tendencias de distribución de tiempo e ingresos, tratando de identificar las áreas en Chile en las que se han presentado avances y aquellas en donde no se han presentado avances. El capítulo también examina los indicadores internacionales de bienestar y brechas de género relacionadas con la influencia de estereotipos y discriminación e incluye un análisis de la violencia contra las mujeres.

Brechas de género en los resultados educacionales y del mercado laboral

Educación

Existe una amplia cantidad de investigaciones y literatura que se centra en la importancia de la educación para los individuos y la sociedad. Éstas demuestran que los individuos con mayores niveles de educación típicamente tienen mayores probabilidades de ser empleados, obtener mayores ingresos (OECD, 2019[1]) y ser más saludable (Conti, Heckman and Urzua, 2010[2]; Dávila-Cervantes and Agudelo-Botero, 2019[3]). A nivel de sociedad, el retorno a la inversión para la educación principalmente refleja una mayor contribución al crecimiento productivo generado por una mano de obra más educada (Mincer, 1984[4]).

En el caso de las mujeres, estos beneficios son aún mayores. Se materializan en términos de disminución de la mortalidad infantil y embarazos no deseados, junto con el aumento de las capacidades productivas y oportunidades de ingresos de un grupo cuyos vínculos con el mercado laboral se hacen más fuertes (Woodhall, 1973[5]; Montenegro and Patrinos, 2014[6]) y menos discriminados por sexo (Dougherty, 2005[7]). Además, y esto es importante, la redistribución intergeneracional mejora, ya que una mejor educación de las madres generalmente conduce a una mejora en los resultados de salud y educación de sus hijos, incluso cuando se toma en cuenta la educación del padre y los ingresos del hogar (Schultz, 1993[8]). Más aún, al hacer que las mujeres se sientan más empoderadas para hablar y manifestar sus necesidades y aspiraciones, los niveles más altos de educación para las niñas representan la piedra angular de una voz y representación política más poderosas (Marcus and Page, 2016[9]).

Existe evidencia que sugiere que los beneficios de aumentar los niveles de educación de los hombres y, especialmente, de las mujeres se han generalizado en Chile. Por ejemplo, en 2011, los retornos económicos privados de la educación femenina fueron ligeramente superiores a los observados para los hombres chilenos. Esto marcó un giro en comparación con las décadas anteriores: de hecho, a finales de los 80, el aumento de los ingresos de los hombres que obtuvieron un diploma primario o secundario, en comparación con los que no se graduaron, fue significativamente mayor que el de las mujeres (Montenegro and Patrinos, 2014[6]).

Recuadro 1.1. Los beneficios de una división más equitativa del trabajo remunerado y no remunerado entre hombres y mujeres

Las personas que trabajan fuera de casa suelen tener un mayor grado de independencia económica de sus parejas y otros miembros de la familia en contraste con aquellas que no lo hacen. El trabajo doméstico y de cuidados no remunerados también es valioso, pero en general no obtiene el mismo reconocimiento social que otras actividades. En aquellos países en donde la carga de trabajo no remunerado es desproporcionadamente mayor, las mujeres generalmente cuentan con empleos a media jornada o vulnerables y a menudo mal remunerados (Ferrant, Pesando and Nowacka, 2014[10]). Esto se debe a que una elevada carga de trabajo doméstico y de cuidados no remunerados suele implicar que las mujeres no pueden encontrar una ocupación equivalente a su nivel de cualificación a media jornada, lo que disminuye la calidad del empleo y los ingresos (Connolly and Gregory, 2008[11]).

En oposición, un reparto equitativo del trabajo no remunerado puede beneficiar a toda la familia. Una cantidad elevada de horas de trabajo pueden provocar estrés en el sentido que una distribución más equitativa del trabajo no remunerado que reduzca las horas de trabajo totales de las mujeres -en particular en lo que respecta a las labores que se consideran menos deseables, a saber, las tareas domésticas y el cuidado de ancianos- puede resultar en una reducción de los niveles de estrés (MacDonald, Phipps and Lethbridge, 2005[12]). Un estudio sobre las familias británicas sugiere que las parejas en las que los hombres se encargan más de los cuidados no remunerados y otras labores domésticas tienen menos probabilidades de divorciarse (Sigle-Rushton, 2010[13]). Los efectos negativos de una distribución desigual del trabajo no remunerado en la calidad del matrimonio son especialmente fuertes cuando las parejas no están de acuerdo sobre qué tan igualitario que debe ser un matrimonio (Ogolsky, Dennison and Monk, 2014[14]). Los hombres que pasan más tiempo con sus hijos pueden tener una mayor satisfacción vital y sus hijos pueden tener mejor salud mental y física y desarrollo cognitivo. Sin embargo, no está claro si estos resultados se deben a factores de confusión, los cuales no están incluidos en esos estudios. (WHO, 2007[15]).

El bienestar de las personas puede aumentar aún más si se reducen las horas totales de cuidados y trabajo doméstico no remunerados. Cuando una parte creciente de la población puede acceder a servicios públicos estables (como suministro de agua y electricidad) y a artefactos que ahorran trabajo (como las lavadoras de ropa) y, por tanto, se necesita de menos horas para las labores domésticas, se reduce la falta de tiempo y las alternativas aumentan. En consecuencia, en países con un PIB más elevado, se disminuye la cantidad de horas dedicadas al trabajo no remunerado, lo cual beneficia sobre todo a las mujeres (Ferrant and Thim, 2019[16]).

Una mayor participación de las mujeres en el trabajo remunerado en comparación con el no remunerado probablemente aumenta el crecimiento económico. El impacto sería mucho más que un "truco" contable en donde se sustituye el trabajo no remunerado por el remunerado: una estimación basada en una encuesta de uso de tiempo de 2015 sugiere que en Chile el trabajo doméstico no

---

remunerado contribuye en un 22% a la medición modificada del PIB (INEI, 2016[17]); (Comunidad Mujer, 2020[17]). Una mayor participación de las mujeres en el mercado laboral sustituiría actividades de menor valor agregado por otras de mayor valor y aumentaría el inventario de capital humano empleado. Dado que las jóvenes universitarias graduadas superan en número a sus homólogos masculinos, es más urgente utilizar plenamente su capital humano. Además, la investigación a nivel de empresa sugiere que los equipos que son más diversos pueden ser más cohesivos e innovadores. Esto sugiere que la incorporación de un mayor número de mujeres al mercado laboral, incluso a puestos directivos, podría aumentar la productividad y el crecimiento económico.

Por otra parte, los niveles educacionales de los hombres y las mujeres en Chile han aumentado consistentemente a lo largo del tiempo y, paralelamente, de un grupo etario al siguiente. Aunque menos de la mitad de los hombres y mujeres de 55-64 años obtuvieron al menos un diploma secundario en 2017, la misma distribución entre adultos jóvenes tres décadas más jóvenes aumentó a 83,5% y 86,8% para hombres y mujeres, respectivamente (Figura 1.1).

Además, y esto es importante, cifras recientes indican que las mujeres jóvenes han comenzado a superar a los hombres jóvenes en términos de logros educacionales: Entre los jóvenes de 25 a 34 años, la proporción de titulados de educación superior es mayor entre las mujeres que entre los hombres (36,9% en comparación con un 30,3%). En cambio, en las categorías de mediana edad (35 a 54 años), el nivel de estudios de hombres y mujeres es muy similar.

Figura 1.1. En Chile hay más mujeres jóvenes que hombres que obtienen diplomas de educación terciaria

Nivel educacional obtenido por sexo y edad (% de la población en grupo etario), 2018

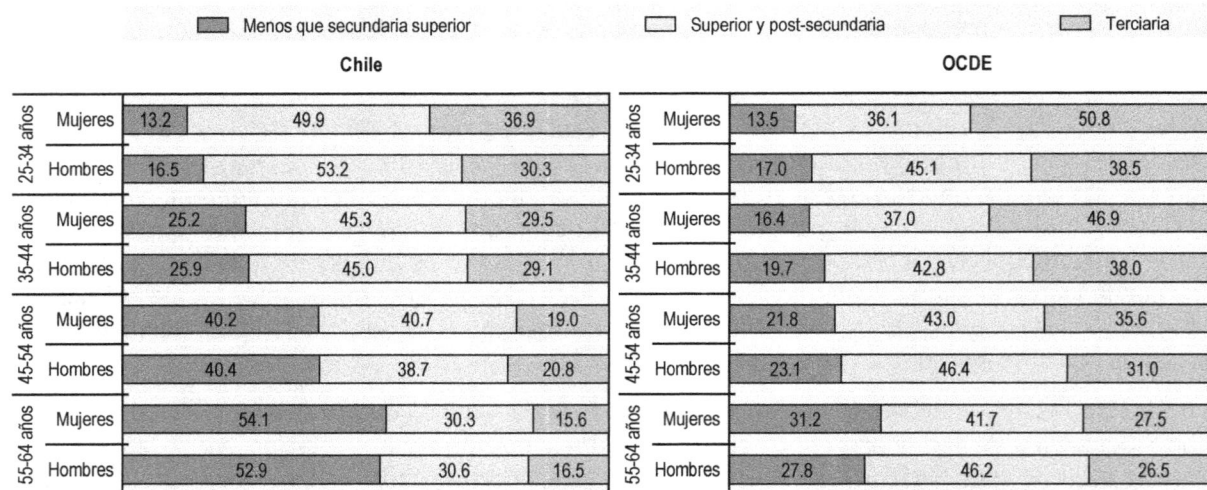

	Chile				OCDE		
		Menos que secundaria superior	Superior y post-secundaria	Terciaria		Menos que secundaria superior	Superior y post-secundaria	Terciaria
25-34 años	Mujeres	13.2	49.9	36.9	Mujeres	13.5	36.1	50.8
	Hombres	16.5	53.2	30.3	Hombres	17.0	45.1	38.5
35-44 años	Mujeres	25.2	45.3	29.5	Mujeres	16.4	37.0	46.9
	Hombres	25.9	45.0	29.1	Hombres	19.7	42.8	38.0
45-54 años	Mujeres	40.2	40.7	19.0	Mujeres	21.8	43.0	35.6
	Hombres	40.4	38.7	20.8	Hombres	23.1	46.4	31.0
55-64 años	Mujeres	54.1	30.3	15.6	Mujeres	31.2	41.7	27.5
	Hombres	52.9	30.6	16.5	Hombres	27.8	46.2	26.5

Fuente: OCDE (2019[1]), Education at a Glance y base de datos del Instituto de Estadística de la UNESCO (n.d.[18]), http://data.uis.unesco.org/.

Tasas de matrículas y abandono prematuro

El acceso a la escolaridad de una población puede variar entre grupos etarios y entre géneros. En Chile, las tasas de matrícula de niños y niñas en la educación preescolar y primaria-son prácticamente idénticas (Figura 1.2). Sin embargo, a medida que se avanza, la proporción de niñas adolescentes que se matriculan es superior a la de los niños, lo cual refleja un patrón en muchos países de América Latina y de la OCDE. Dado que no todos los niños matriculados oficialmente asisten con regularidad a la escuela, los expertos y observadores en materia de educación suelen mostrarse cautelosos a la hora de establecer una relación directa entre el aumento del número de matrículas y el progreso de los logros educacionales. Sin embargo, y en paralelo al aumento de las matrículas escolares, Chile ha experimentado un descenso de habilidades inadecuadas de lectura y escritura en toda la población, lo que implica, consecuentemente, que las tasas de analfabetismo actuales también son muy similares: en 2017, la proporción chilena de individuos analfabetos era del 3,5% entre los hombres y 3,7% entre las mujeres (Observatorio Social, 2018[19]). Sin embargo, los resultados de la Encuesta de Competencias de Adultos (PIAAC) muestran que más de uno de cada dos adultos chilenos (53,4%) en 2015 sólo tenía un nivel de alfabetización bajo. Este resultado fue similar al de México, aunque mejor que en otros países de la región, como Ecuador y Perú, por ejemplo (OECD, 2019[20]).

Sin embargo, cabe destacar que las cifras promedio ocultan importantes diferencias entre grupos socioeconómicos. Por ejemplo, la tasa de analfabetismo es significativamente menor que el promedio nacional entre jóvenes chilenos (15-29 -años, 1,1%). Al mismo tiempo, es mucho mayor en las zonas rurales (8,3%) y entre los individuos que se encuentran en los dos quintiles más bajos de la distribución de ingresos (7,1 y 4,5%, respectivamente). Además, el promedio de años de escolaridad es sustancialmente menor en las zonas rurales: entre la población de 15 años y superior en 2017, la población urbana mostraba en promedio 11,5 años de escolaridad y la población rural 8,9 años. La brecha entre la población indígena y la no indígena era ligeramente inferior a un año (Observatorio Social, 2018[19]). Los resultados del PIAAC muestran que entre los adultos más jóvenes de 16 a 24 años, las mujeres superan a los hombres en cuanto a puntajes promedio de alfabetización; mientras que lo contrario ocurre en las categorías de edad de 25 a 44 -años -y, en particular, de 45 a 65 años (OECD, 2019[20]).

Figura 1.2. Las adolescentes chilenas son matriculadas en escuelas con mayor frecuencia que los varones chilenos

Tasas netas de matrícula, 2018 o más recientes

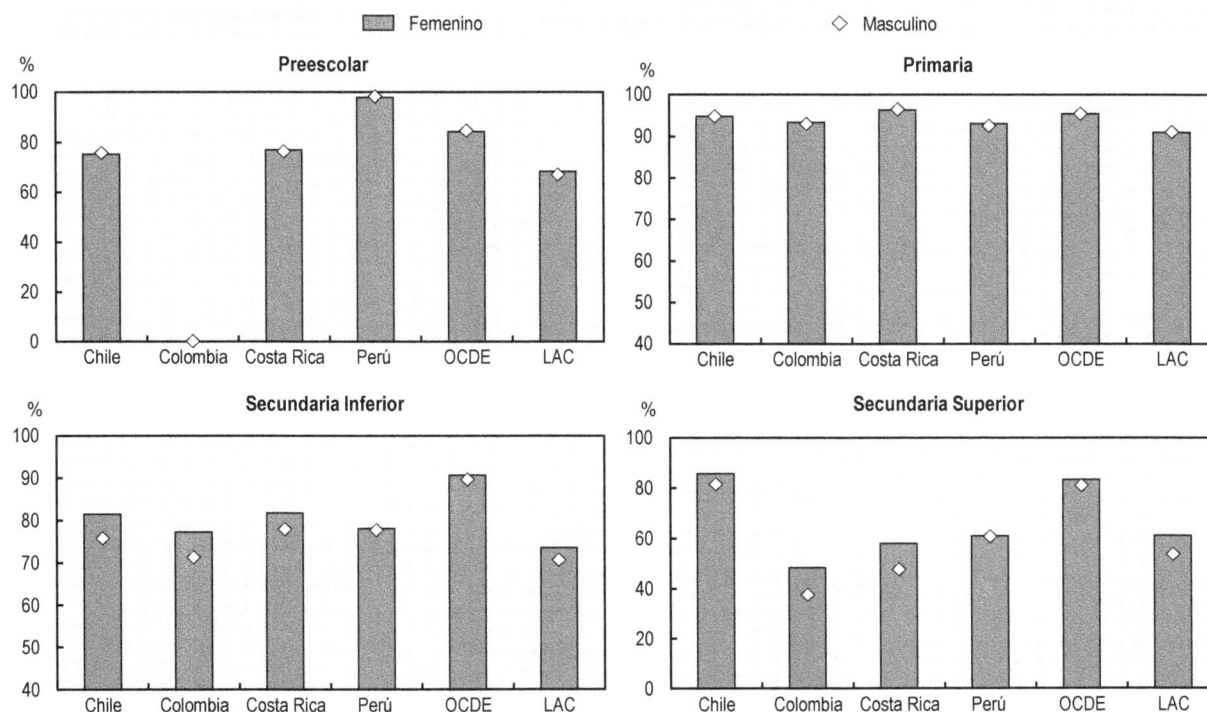

Fuente: Base de datos del Instituto de Estadística de la UNESCO (n.d.[18]) "Tasa neta de escolarización", http://data.uis.unesco.org/.

La evidencia indica que en Chile la deserción escolar se relaciona estrechamente con el origen socioeconómico de los estudiantes (MINEDUC, 2020[21]; Observatorio Social, 2018[19]). Los estudiantes de hogares desfavorecidos tienden a trasladarse de escuela con mayor frecuencia, lo cual amenaza su progreso curricular. La deserción escolar prematura está sobrerrepresentada entre grupos de jóvenes que combinan varias desventajas, normalmente dificultades económicas con dificultades familiares preexistentes. Además, una de las razones principales que suelen alegar los individuos de zonas remotas, ya sean rurales o barrios urbanos descentralizados, es la falta de proximidad a los centros educacionales. Los estudiantes con mayor riesgo de deserción generalmente también están más expuestos a estresores ambientales, como el hecho de vivir en una zona de alta criminalidad (MINEDUC, 2020[21]).

En la Figura 1.3 se muestra un desglose de niños no escolarizados por sexo. En Chile, la proporción de niños no escolarizados es mayor entre las niñas que entre los niños a nivel primario y secundario inferior y prácticamente idéntica entre adolescentes en edad de cursar el secundario superior (Observatorio Social, 2018[19]). Esto diferencia un poco a Chile en una comparación internacional, dado que el promedio de las tasas de deserción escolar de los países latinoamericanos tienden a ser más altas entre los varones, particularmente en edad preescolar y secundaria superior.

Figura 1.3. La tasa de adolescentes no escolarizados en Chile es comparativamente baja

Tasa de niños no escolarizados por grupo de edad (% de niños en grupo de edad), 2018 o último disponible

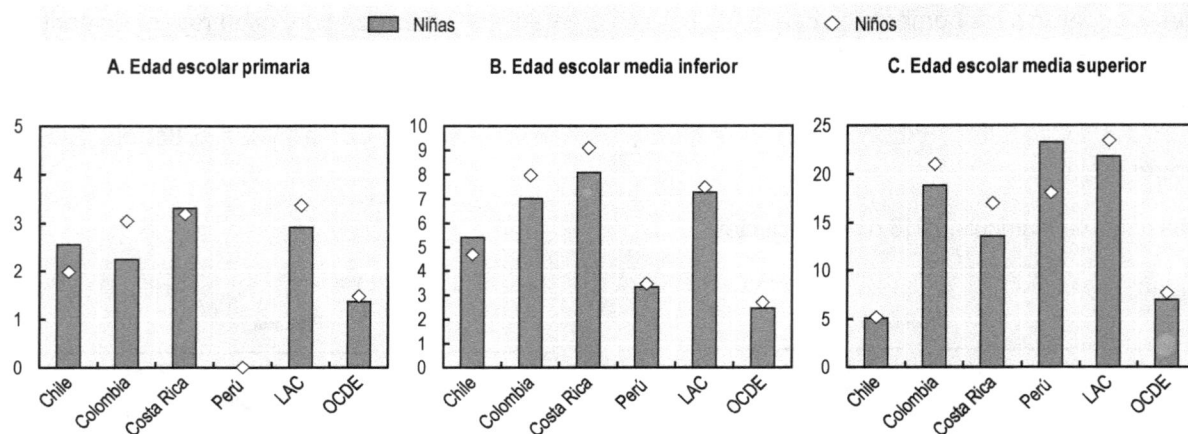

Nota: Basado en datos administrativos de matrícula en un momento dado.
Fuente: Base de datos del Instituto de Estadística de la UNESCO (n.d.[18]) "Out of School Children", http://data.uis.unesco.org/.

Se puede obtener más información sobre los factores que influyen en el acceso a la educación si se observa las obligaciones laborales de los adolescentes fuera de la escuela. En Chile, en 2012, el 3,8% de los jóvenes de 5-14 años y el 16,5% de 15-17 -años trabajaban, siendo el número de niños más del doble que el de niñas (ILO, MINTRAB and MINDESARROLLO, 2013[22]). Dicho esto, la evidencia disponible también muestra que las niñas de 12 a 17 años trabajan más horas en actividades domésticas y de cuidado no remuneradas que los niños de la misma edad.

El trabajo extraescolar no conduce necesariamente a peores resultados educativos, pero trabajar muchas horas sí, a menos que se aplique una regulación estricta y eficaz que impida el exceso de trabajo de los adolescentes. Los resultados de una prueba estandarizada muestran que aquellos estudiantes en Chile que trabajan tienden a tener un peor rendimiento que sus compañeros que no lo hacen (Post, 2011[23]). Curiosamente, los efectos negativos se mantuvieron en la puntuación de las pruebas de lectura y aumentaron entre la primera y tercera hora de trabajo por día, tras lo cual el efecto negativo se aplanó. El autor del estudio especula que este resultado aparentemente extraño podría reflejar la aplicación de la ley contra el trabajo de los adolescentes (Post, 2011[23]). En un estudio basado en 20 países, se observa que tanto el trabajo remunerado como el no remunerado extraescolar afecta negativamente a las puntuaciones de matemáticas de niños y niñas, incluso cuando se toma en cuenta los recursos familiares y los efectos de la escuela (Post and Pong, 2009[24]).

Embarazo adolescente

En muchos países, el embarazo adolescente y las responsabilidades de cuidado de los hijos que se derivan del mismo implican que es muy difícil que las madres adolescentes se gradúen. Es importante destacar que las madres adolescentes a menudo tienen que dejar la escuela bajo presión de la familia o incluso de la dirección de la escuela, debido a la vergüenza y el estigma. Las mujeres que han sido madres antes de los 20 años suelen declarar muchos menos años de escolaridad y menos horas de trabajo que las mujeres con retraso en la maternidad (Arceo-Gomez and Campos-Vazquez, 2014[25]) (Publimetro, 2018[26]).

Aquellos adultos que tuvieron hijos durante su adolescencia suelen pertenecer a los grupos con los niveles más bajos en competencias de lectura y escritura (OECD, 2018[27]). En todos los países incluidos en la encuesta PIAAC, alrededor del 16% de las mujeres de 20 a 65 años que se encuentran en el quintil más bajo de las puntuaciones de alfabetización fueron madres en su adolescencia, en comparación con el 4% en el quintil más alto. Entre las adolescentes, un bajo nivel de alfabetización se asocia a una mayor probabilidad de maternidad: el 6% de las mujeres de 16 -a 19 años que se encuentran en el quintil más bajo de la distribución nacional de puntuaciones de alfabetización son madres, en comparación con casi ninguna de las mujeres más competentes de la misma edad (Jonas and Thorn, 2018[28]).

Chile ha registrado mejoras en esta área relevante en la lucha contra la pobreza y el aumento de la igualdad de oportunidades (UNESCO, 2014[29]). La proporción de madres adolescentes se ha reducido a la mitad desde el cambio de milenio, pasando del 16,2% del total de nacimientos al 7,9% en 2017 (Sepúlveda, 2019[30]). Las estimaciones para 2012 indican que la tasa de fecundidad -la cantidad de nacimientos por cada 1.000 niñas del grupo etario- fue de 1,4 para las niñas de entre 10 y 14 años y de 48,6 para las de 15 - 19 años, respectivamente (MINSAL, 2013[31]). Aunque la tasa era la más baja de América Latina y la situación puede haber mejorado en los últimos años, era cuatro veces superior a la media de la OCDE. Además, cabe destacar que la tasa en la región de América Latina es la segunda después de la región del África subsahariana (PAHO, UNFPA and UNICEF, 2017[32]).

Además, las madres adolescentes suelen estar sobrerrepresentadas entre los adolescentes de ambientes desfavorables (ECLAC, 2017[33]). Esto representa una fuente de preocupación en Chile, dado que en el país la proporción de madres adolescentes es tres veces mayor entre los hogares más vulnerables que entre los menos vulnerables (31,4% y 10,6% respectivamente) (Observatorio Social, 2017[34]). Además de dificultar drásticamente las perspectivas económicas de las madres, las consecuencias de la pobreza y la desigualdad de la maternidad adolescente son intergeneracionales. Los bebés nacidos de mujeres menores de 20 años tienen más probabilidades de ser prematuros o de bajo peso al nacer y la tasa de mortalidad neonatal es comparativamente alta para estos bebés (NEAL, 2018[35]).

Resultados de competencias

Los resultados de la Encuesta de Competencias de Adultos de la OCDE -Programa para la Evaluación Internacional de Competencias de Adultos, PIAAC- proporcionan información clave sobre las competencias de la población adulta (16-65-)en los países participantes. En Chile, los hombres tienen un promedio de competencias numéricas y de alfabetización superior al de las mujeres y la magnitud de las brechas de género (no ajustadas) es la segunda entre los países de la OCDE, después de Turquía. El hecho de que los hombres tengan puntuaciones medias de alfabetización más altas que las mujeres es sorprendente, ya que las diferencias de género en las puntuaciones de alfabetización no suelen ser estadísticamente significativas en la mayoría de los países (OECD, 2016[36]). Una posible explicación de este enigma es que, como consecuencia de las obligaciones domésticas y de cuidados de la familia, muchas mujeres pasan largos períodos sin trabajar en un empleo remunerado. Estas interrupciones de la carrera profesional las llevan, a su vez, a perder parte de sus competencias. La evidencia que respalda esta afirmación se deriva del hecho que entre los jóvenes de 16 - 24 años -un intervalo de edad durante el cual muchas jóvenes graduadas tienen un empleo remunerado, gracias a obligaciones familiares menos apremiantes- las competencias de alfabetización de las mujeres superan a las de los hombres.

El Programa para la Evaluación Internacional de Alumnos (PISA, por sus siglas en inglés) de la OCDE aporta un "elemento de reflexión" complementario ya que permite inspeccionar los logros educacionales de los adolescentes que aún están escolarizados. Es importante destacar que los resultados de la encuesta PISA muestran una menor presencia de alumnos de bajo rendimiento en lectura entre las niñas que entre los niños, siendo la diferencia comparable a la de toda la OCDE y mayor que en otros países latinoamericanos (Figura 1.4). Sin embargo, en Chile la proporción de alumnos con bajo rendimiento en matemáticas es mayor entre las niñas que la observada entre los niños, aunque menor que en otros países latinoamericanos.

Figura 1.4. Existen diferencias de género en la proporción de alumnos de bajo rendimiento, pero no en la de los de alto rendimiento en el estudio PISA de Chile

Diferencias de proporción entre alumnos de bajo rendimiento y de alto rendimiento por asignatura (niñas - niños), 2018

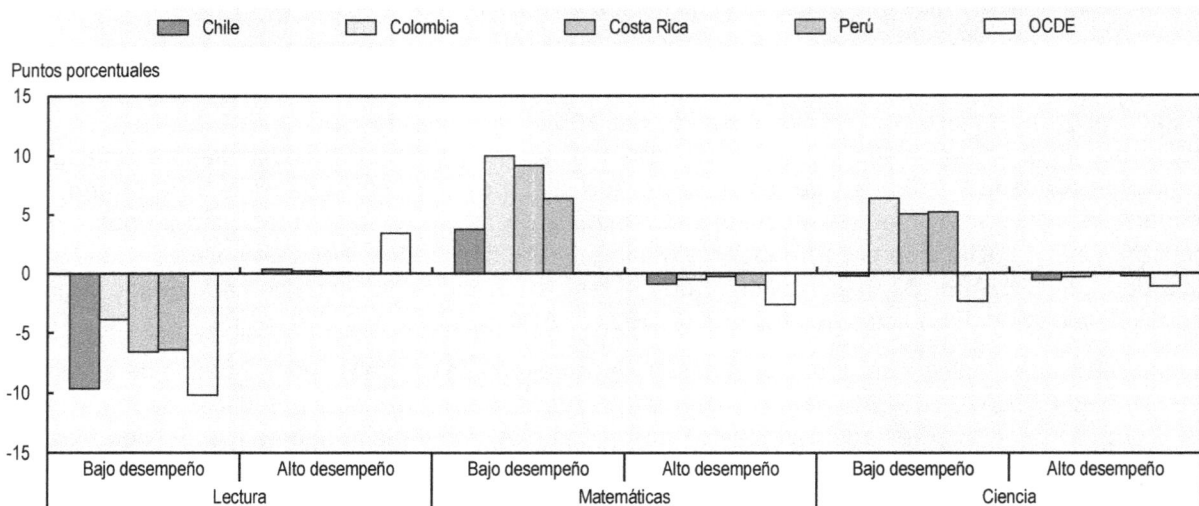

Nota: Las barras con contornos en negrita indican que la diferencia de género es estadísticamente significativa.
Fuente: OCDE (2019[37]), Resultados PISA 2018 (Volumen II), Anexo B1, Tablas II.B1.7.12, 17 y 22.

En conjunto, los resultados anteriores indican que durante su adolescencia las niñas chilenas ya habrían desarrollado una disposición hacia las disciplinas humanistas, en lugar de las científicas, que en cambio tienden a ser vistas como una prerrogativa de los varones adolescentes. Esta divergencia tiene una contrapartida en las selecciones que harán las niñas y los niños más adelante, primero como estudiantes y luego como trabajadores. El análisis del desglose por sexo de los titulados en ciencias, tecnología, ingeniería y matemáticas -las llamadas materias STEM (por sus siglas en inglés)- permite arrojar algo de luz sobre esta cuestión. En particular, el análisis de las proporciones de hombres y mujeres graduados en materias STEM revela que en 2017 la brecha de género en Chile era mayor que el promedio de la OCDE y mucho mayor que los países latinoamericanos comparados (Figura 1.5).

Son varios los factores que explican las diferencias de rendimiento en materias cuantitativas entre niños y niñas. Algunos se refieren a las aptitudes (aunque las diferencias de puntuación en las pruebas de matemáticas son insignificantes entre niños y niñas pequeños/as) y otros a las preferencias (Kahn and Ginther, 2018[38]). Sin embargo, es evidente que los estereotipos de género contribuyen a estas diferencias (Nollenberger, Rodríguez-Planas and Sevilla, 2016[39]). Como se analiza en la segunda parte de este informe, lo último es un aspecto importante que la educación sensible al género pretende abordar (véase la sección "Reducir los estereotipos de género").

Figura 1.5. La brecha de género en graduados STEM es particularmente marcada en Chile

Proporción de graduados en materias STEM (% de graduados del mismo género), 2017

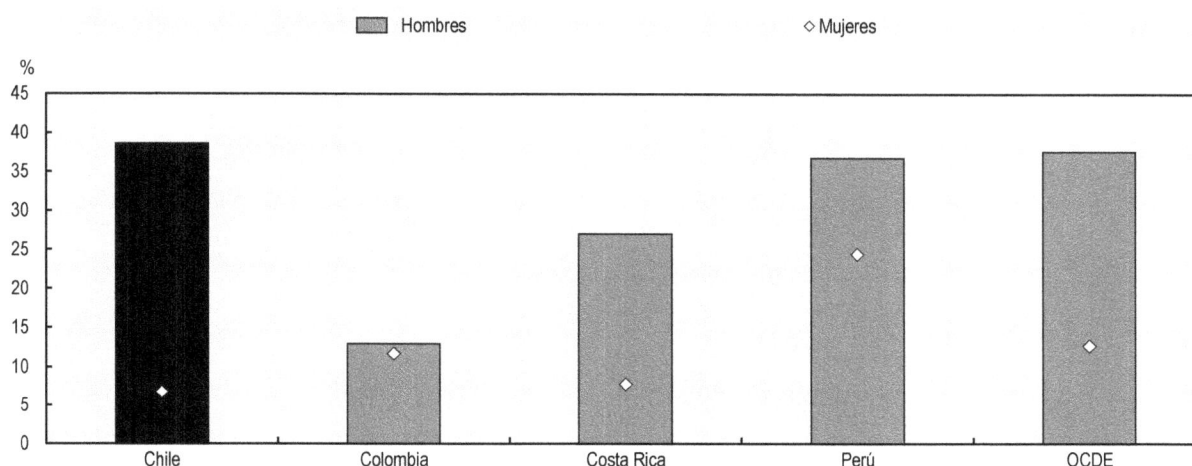

Nota: Totalidad de niveles terciarios combinados. Las materias STEM incluyen ciencias naturales, matemáticas, estadística, tecnología de la información y comunicación, ingeniería, manufactura y construcción.
Fuente: OCDE (2019[1]), Education at a Glance y base de datos del Instituto de Estadística de la UNESCO (UNESCO Institute for Statistics, n.d.[18]).

Empleo

Las opciones educacionales y las calificaciones obtenidas son factores clave para que los trabajadores encuentren oportunidades de empleo más estables y de mejor calidad. En todos los países, este camino es más difícil de encontrar para las mujeres que para los hombres, aunque existen variaciones de un país a otro. La evidencia disponible sugiere que en Chile las dificultades que enfrentan las mujeres son mayores que en varios países de la OCDE. Con un 53,2%, la tasa de empleo femenina en Chile es casi 20 puntos porcentuales inferior a la de los hombres (Figura 1.6). Además, esta brecha de género es más amplia que el promedio de los países de la OCDE, mientras que en comparación con los países de América Latina seleccionados para este análisis, es más amplia que en Perú, aunque menos considerable que la observada en Colombia y Costa Rica.

Como se discutió anteriormente, Chile se caracteriza por la presencia de marcadas diferencias en los resultados educacionales entre grupos etarios y socioeconómicos. En este contexto, una interrogante pertinente es si se puede detectar variaciones similares en el desempeño del mercado laboral. La evidencia disponible confirma que en Chile existen importantes brechas de género en el empleo entre grupos etarios. En concreto, la magnitud de la brecha de género parece ser más significativa en grupos de mayor edad que también se caracterizan por brechas de género más amplias en niveles de educación y cualificación. Oscila entre el 4,0% entre los 15-24 años y 33,5% entre los 55-64 años, con incrementos continuos para cada grupo etario intermedio (OECD, 2018[40]).

La brecha en aumento de la tasa de empleo con la edad refleja mecánicamente el hecho de que menos mujeres de las generaciones más antiguas participaron alguna vez en la población activa. Además de este "efecto cohorte", existe un "efecto composición", ya que a medida que mejoran los niveles educacionales, más mujeres jóvenes con mayores niveles de formación encuentran empleo. En Chile, menos de cuatro de cada diez mujeres que no completaron la educación secundaria participan en el mercado laboral, lo que contrasta con más de siete de cada diez entre las mujeres con un título de educación secundaria superior y casi nueve de cada diez entre las graduadas universitarias.

Figura 1.6. Las tasas de empleo de los hombres y mujeres chilenos/as son comparativamente bajas

Relación empleo-población (% 15-64 años), 2018 o último disponible

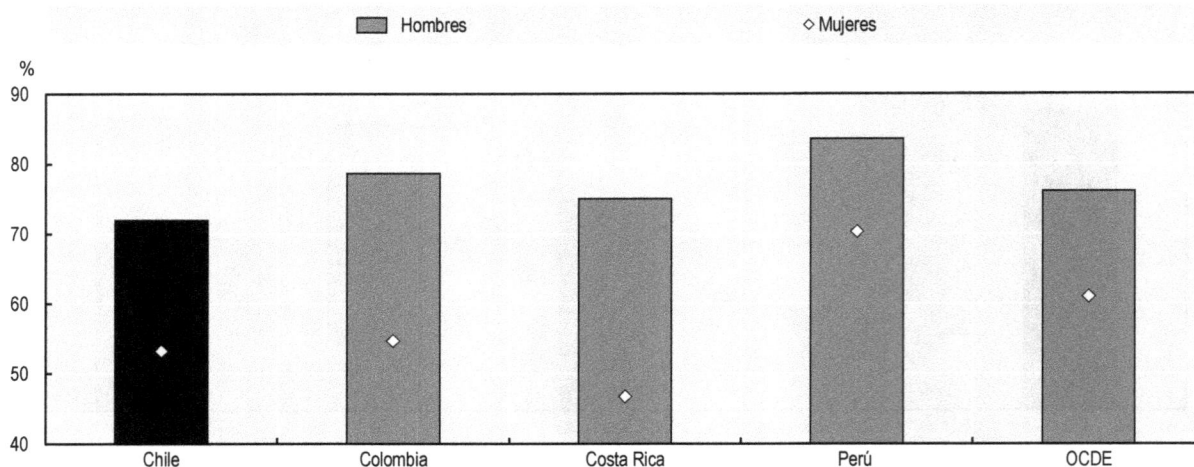

Nota: En el caso de Perú, los últimos datos disponibles son de 2017.
Fuente: Base de datos de empleo de la OCDE (OECD, n.d.[41]) e ILOSTAT (ILO, n.d.[42]).

Maternidad y acceso a calidad de empleo

Sin embargo, tanto en Chile como en el resto del mundo, la maternidad tiene un fuerte impacto en la fuerza laboral de las generaciones más jóvenes, lo que se hace visible en una cantidad importante de madres de niños pequeños retirándose (temporalmente) de la fuerza laboral (Figura 1.7). En Chile, la tasa de empleo de las madres con hijos menores de tres años es 10 puntos porcentuales inferior a la de las madres con hijos de tres a cinco años y 15 puntos inferior a la de las madres cuyo hijo menor tiene entre seis y 14 años.

Al igual que en otras economías regionales, el principal desafío que enfrentan las mujeres en Chile no es la falta de puestos de trabajo, ya que el desempleo abierto no suele ser un problema en estos países. Más bien, las mayores preocupaciones se relacionan con la falta de empleos de calidad. De hecho, los datos disponibles confirman que las trabajadoras en Chile tienen más probabilidades de estar empleadas en empleos marginales que los trabajadores. Por ejemplo, la proporción de trabajadores a media jornada es aproximadamente el doble entre las mujeres que entre los hombres (Figura 1.8, panel A). Este nivel es similar al de Colombia y a la media de la OCDE, pero inferior al observado en Costa Rica y Perú.

Figura 1.7. Las madres tienen bajas tasas de empleo en Chile

Tasas de empleo materno por edad del hijo menor, 2014 o último año disponible

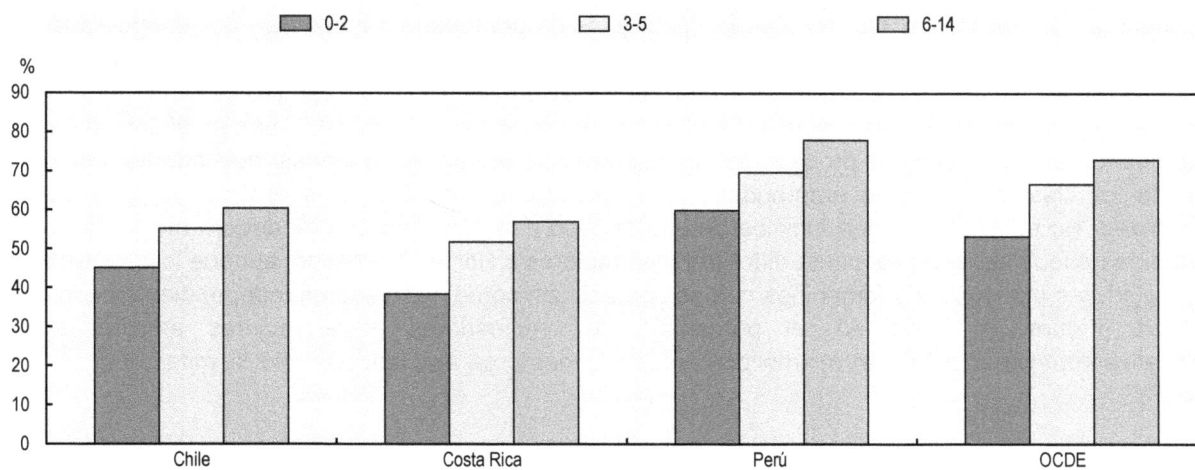

Nota: Los datos de Perú corresponden a 2018, los de Costa Rica a 2014, los de Chile a 2013 y los de la OCDE al último año disponible en 2012-13.
Fuente: OCDE (n.d.[43]), "LMF1.2.C Maternal employment rates by age of youngest child", OECD Family Database, http://www.oecd.org/social/family/database.htm; y estimaciones propias basadas en cifras del INE (2019[44]), Encuesta Nacional de Hogares.

Además, la proporción de trabajadores informales es ligeramente mayor entre las mujeres que entre los hombres en Chile (Figura 1.8, panel B). Sin embargo, y quizás relacionado con el hecho de que la renta per cápita de Chile es más alta que en los demás países de comparación de América Latina, el empleo informal femenino es menor en Chile que en Costa Rica y significativamente menor que en Colombia y Perú. Aun así, afecta a aproximadamente tres de cada diez personas empleadas.

Figura 1.8. Una alta proporción de mujeres empleadas en Chile trabaja a media jornada y de manera informal

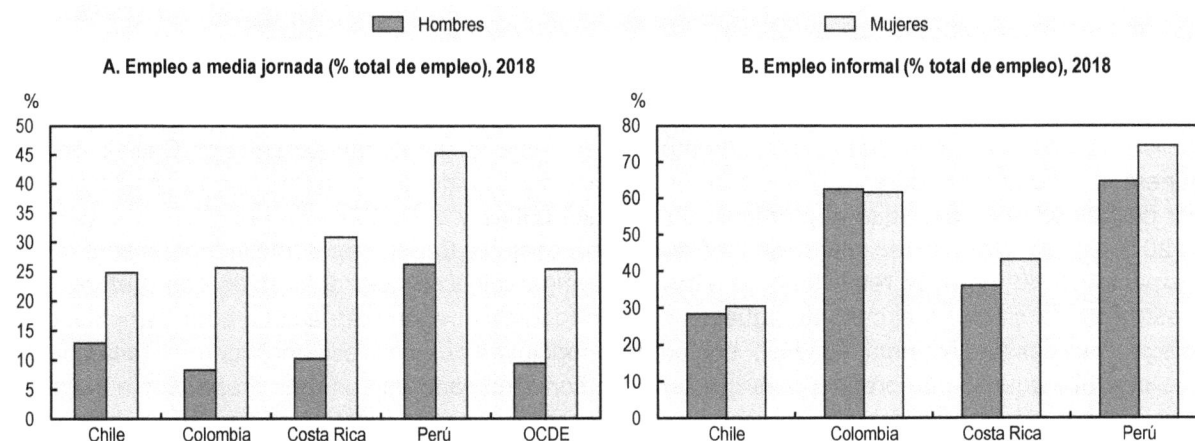

Fuente: Base de datos de empleo de la OCDE (OECD, n.d.[41]) e ILOSTAT (ILO, n.d.[42]).

Emprendimiento

En todos los países, el espíritu emprendedor desempeña un papel importante para la creación de empleos. Sin embargo, la línea de partida entre los emprendedores motivados por la necesidad -es decir, aquellos que no tienen otras opciones de empleo- y los emprendedores motivados por la oportunidad -aquellos motivados por una buena oportunidad económica- es siempre difícil de trazar. Para capturar estos efectos en Chile, Figura 1.9muestra una comparación entre los emprendedores independientes (Panel A) y los emprendedores que actúan como empleadores (Panel B). Aunque el indicador de emprendedores independientes probablemente incluye representantes de ambos motivadores, una gran parte de los clasificados como emprendedores empleadores probablemente están motivados por la oportunidad. No obstante, existen indicios de que el paso a la actividad emprendedora motivada por la oportunidad puede ser especialmente difícil para las mujeres chilenas. De hecho, aunque los porcentajes de trabajadores masculinos y femeninos que se contabilizan como trabajadores independientes son casi idénticos (Figura 1.9, Panel A), el porcentaje de empleadores entre mujeres empleadas es significativamente menor que el mismo porcentaje de hombres empleados, sólo la mitad (Figura 1.9, Panel B).

Figura 1.9. Una baja proporción de mujeres empresarias son empleadoras

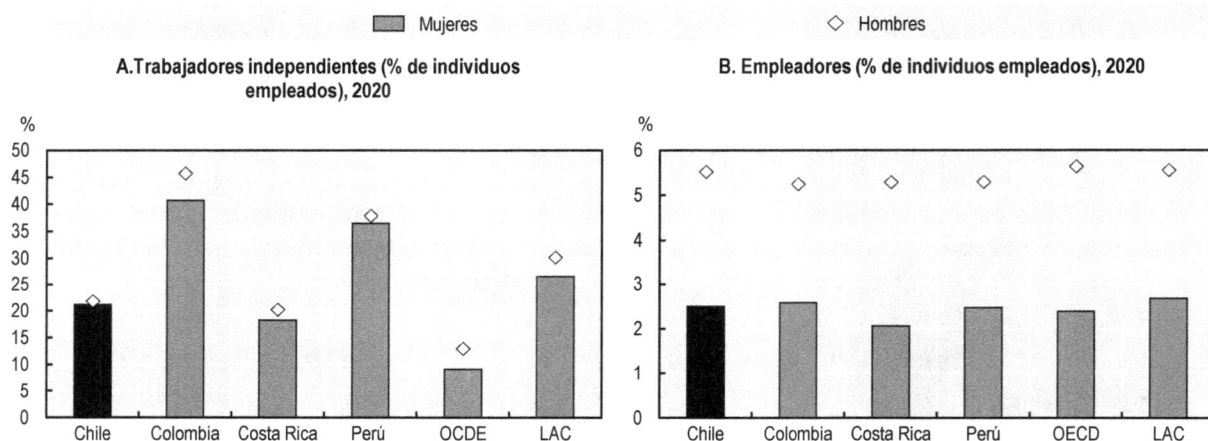

Fuente: OIT (n.d.[42])"Empleo por sexo, zonas rurales / urbanas y situación en el empleo - Estimaciones modeladas de la OIT, Nov. 2019 (miles)", ILOSTAT.

El análisis de los rasgos individuales del autoempleo y el emprendimiento muestra que en Chile la brecha de género entre emprendedores que iniciaron un negocio porque identificaron una buena oportunidad, y no por necesidad, es mayor que el promedio de América Latina y el Caribe y en la OCDE (Mandakovic et al., 2017[45]). Otro estudio reciente descubrió que la propensión a trabajar en forma independiente refleja una expectativa de ingresos relativamente altos -en comparación con ser contratado como empleado- pero esto sólo es cierto en el caso de aquellos emprendedores que también actúan como empleadores (Modrego, Paredes and Romaní, 2017[46]). Los autores concluyen que esta evidencia corrobora la opinión de que en Chile aquellos emprendedores que también son empleadores son más propensos a elegir su estatus ocupacional, a diferencia de los trabajadores independientes que se ven forzados a autoemplearse por necesidad. Sin embargo, las mujeres emprendedoras chilenas son mucho más propensas a caer en esta segunda categoría, como sugiere el hecho de que en Chile en 2020, alrededor del 40% de los propietarios de microempresas registradas como empresas de personas naturales eran mujeres. En contraste, sólo el 25% de las medianas y el 18% de las grandes empresas con la misma forma de registro eran propiedad de mujeres (Ministerio de Economia Fomento y Turismo, 2020[47];

Ministerio de Economía Fomento y Turismo, 2017[48]). Las mujeres también están subrepresentadas en la gerencia general de las grandes empresas (12,8% de los puestos en 2016), en comparación con las pymes (28,9%). Las microempresarias están más representadas en el sector informal que los hombres (57,3%; frente al 42,8%) y sus empresas son significativamente menos rentables. Alrededor del 70% de estas mujeres ganan por debajo del salario mínimo chileno (CLP 337.000, que equivale a unos 457 dólares) (Ministerio de Economia Fomento y Turismo, 2020[47]).

Brechas salariales de género

Un indicador clave de la desigualdad entre hombres y mujeres es la brecha salarial de género. Al detectarse cuánto menos dinero gana una trabajadora promedio se puede deducir información relevante sobre la estructura de los incentivos laborales a los que se enfrentan las mujeres y su distribución entre mujeres y hombres. Como resultado, esto puede afectar la decisión de una pareja de trabajar ambos a tiempo completo, por ejemplo.

Un indicador sencillo de las diferencias salariales entre hombres y mujeres es la incidencia de trabajadores de bajos ingresos entre mujeres y hombres. En Chile, más de una de cada siete (13,6%) trabajadoras a tiempo completo gana menos de dos tercios del salario medio (Figura 1.10). Esto significa que, en el caso de las mujeres, la distribución de trabajadores con bajos ingresos es aproximadamente 1,6 veces superior a la de los hombres. La incidencia relativa de salarios bajos entre mujeres y hombres en Chile es comparable a la de Colombia, Perú y la OCDE.

Figura 1.10. En Chile, al igual que el resto del mundo, las mujeres tienen más probabilidades de ser mal pagadas

Porcentaje de trabajadores a tiempo completo que ganan menos de dos tercios del salario medio, 2017 o el más reciente disponible.

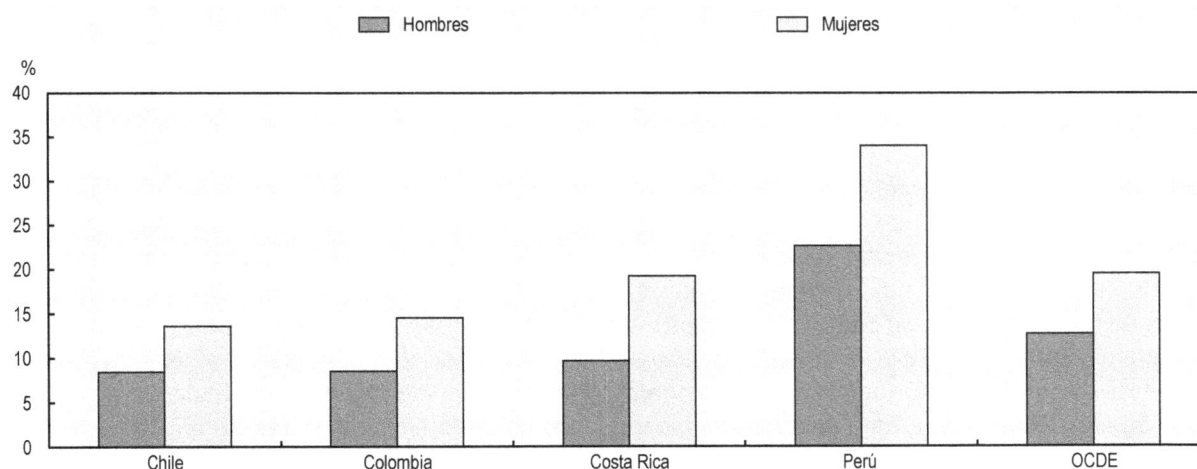

Nota: El año de referencia para Colombia y Perú es 2018.
Fuente: OCDE (n.d.[49]), EPA - Relación de deciles para ingresos brutos - Incidencia de salarios bajos y cálculos propios basados en ENAHO anual, 2018 ((INE, 2019[44]).

La brecha de ingresos entre empleados masculinos y femeninos es mayor en Chile que en otros países. El salario medio de empleados masculinos a tiempo completo es un 12% mayor que el de sus homólogos femeninos, similar a la media de la OCDE, pero una diferencia mayor que en Colombia y Costa Rica (Figura 1.11, estimación de la OCDE).[1] La diferencia es aún mayor en una medición de la OIT de la brecha salarial que incluye tanto a trabajadores a media jornada como a tiempo completo y que factoriza los diferentes niveles educativos y proporción de empleo en el sector público en comparación con el privado (Figura 1.11ponderada por factores de la OIT). Una explicación probable de la mayor brecha que implica del planteamiento de la OIT es que hay existen más mujeres que hombres que trabajan en empleos a media jornada mal remunerados.

Figura 1.11. Por hora, la magnitud de la brecha salarial entre hombres y mujeres es especialmente elevada en Chile

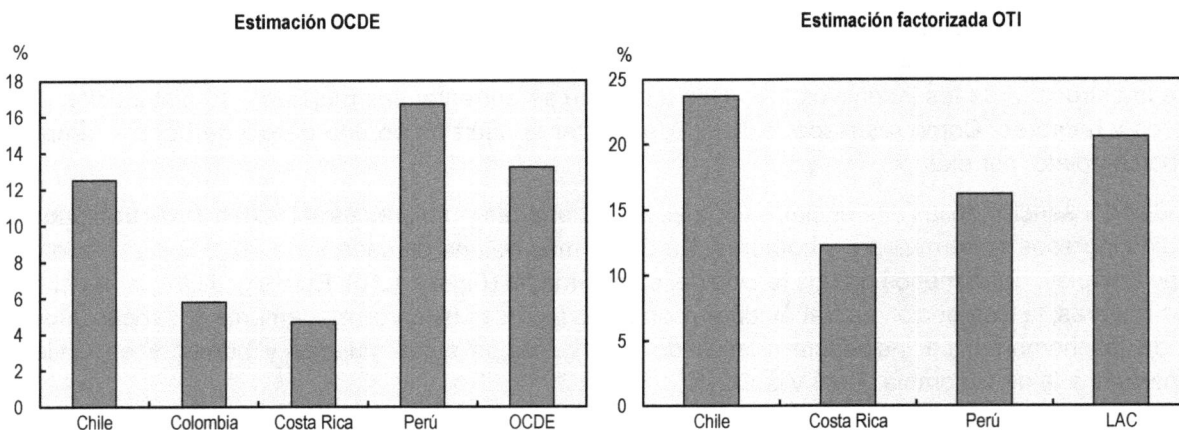

Estimación OCDE

Estimación factorizada OTI

Nota: La brecha salarial de la OCDE es equivalente a la diferencia de los salarios medios de empleados masculinos y femeninos a tiempo completo. La brecha salarial factorizada de la OIT se basa en los salarios por hora e incluye a los trabajadores dependientes a media jornada y a tiempo completo. Es equivalente a una suma ponderada por el tamaño de la población de la brecha salarial de género para diferentes subgrupos definidos por cuatro grupos de educación y edad, situación laboral a tiempo completo y media jornada y empleo en sector privado frente al público.
Fuente: OCDE (n.d.[41]), "Gender wage gap", Employment Database, https://stats.oecd.org/index.aspx?queryid=54751; cálculos propios a partir del INE (2019[44]), Encuesta Nacional de Hogares; y OIT (2018[50]), Informe mundial sobre salarios 2018/19: Lo que hay detrás de las brechas salariales entre hombres y mujeres.

Puestos de dirección

El reflejo de los patrones anteriores es la relativa subrepresentación de las mujeres chilenas en puestos bien remunerados, incluyendo las ocupaciones STEM. En parte, esto refleja la alta concentración del empleo femenino en puestos de trabajo a media jornada en el sector de servicios, en lugar de puestos de trabajo a tiempo completo en actividades de mayor valor agregado. Además, la subrepresentación de las mujeres en puestos de trabajo bien remunerados puede ser consecuencia de las diferencias de formación antes mencionadas. (MINDES, 2018[51]) Esto incluye, por ejemplo, el hecho de que las mujeres a menudo rehúyen las carreras STEM, que tienen más probabilidades de abrir el camino a oportunidades de trabajo mejor pagadas (Figura 1.5). Esta subrepresentación de las mujeres en las carreras de educación STEM implica, a su vez, que las mujeres también están subrepresentadas en las carreras de investigación y profesorado académico: según la UNESCO, sólo uno de cada tres investigadores en Chile son mujeres (UNESCO, 2015[52]). Las mujeres representan el 41% de los estudiantes de doctorado y son recipientes de alrededor del 40% de las becas estatales de investigación STEM (CONICYT, 2018[53]).

Las mujeres en Chile también avanzan poco en puestos de liderazgo en el sector privado. Entre 1995 y 2018, la proporción de mujeres que ocupan puestos de liderazgo de alto nivel en seis sectores y empresas de consultoría estratégica se triplicó, pasando del 3% al 9%. Lo mismo ocurre con puestos en juntas de directores. Como resultado, la proporción actual en Chile sigue estando varios puntos porcentuales por debajo del promedio de la OCDE (12%) (OECD, 2016[54]) aunque cerca de la media regional (8,5%) (IDB, 2018[55]). Además, parece que existen diferencias en los tipos de puestos de liderazgo que ocupan hombres y mujeres. Las mujeres están subrepresentadas en puestos de dirección, financieros y operativos y sobrerrepresentadas en los de marketing (33%) y recursos humanos (31%) (PNUD, 2020[56]).

Las mujeres están mejor representadas en el sector público y en la política. En 2020, el 48% de los consejos de administración de las empresas públicas eran mujeres. La información de 2018 muestra que las mujeres ocuparon una cuarta parte de los cargos políticos en Chile. En el sistema judicial, las instituciones públicas y el ejecutivo su participación fue aún mayor, llegando a un tercio o más del total (PNUD, 2020[56]). Tras la ley de cuotas de paridad de género en el poder legislativo, en 2018 el 23% de los miembros del Congreso chileno eran mujeres, algo por debajo de la media de la OCDE (23,8%) (OECD, 2017[57]) y muy por debajo de la tasa regional (29,8%) (ECLAC, 2019[58]).

Factores que ocasionan brechas de género en los resultados

Existen diversas teorías económicas que explican las causas subyacentes de las diferencias de género analizadas anteriormente en los resultados económicos. Algunas aproximaciones se enfocan en los factores de capital humano y hacen hincapié en las características de los trabajadores y de su trabajo, en particular en el nivel de educación, experiencia laboral y competencias requeridas para asumir labores y responsabilidades específicas. Sin embargo, las características del capital humano por sí mismas difícilmente serán suficiente para capturar el amplio abanico de factores que explican las brechas entre hombres y mujeres. Por ejemplo, aunque la educación es un factor principal que explica el empleo femenino, existen también otros factores que están más intrínsecamente relacionados con el hecho de ser mujer que son relevantes. Pero las raíces del problema son más profundas: la falta de calificaciones para encontrar un trabajo, problemas personales o sociales, por ejemplo, son típicamente interseccionales. En otras palabras, tienden a asociarse con otras desventajas, el hecho de ser joven, de vivir en una zona rural, de provenir de un hogar pobre o de pertenecer a un grupo originario.

Una manifestación reveladora de estas complejas intersecciones es la que ofrece Figura 1.12, la cual representa una comparación internacional de las tasas NEET (No Estar Empleado, en Educación o Capacitación) de mujeres y hombres -definidas convencionalmente como los porcentajes de jóvenes que No Están Empleados, en Educación o Formación- como porcentaje de la población juvenil. En Chile, las mujeres jóvenes tienen 1,6 veces más probabilidades de No Estar Empleadas, en Educación o Formación (NEET, sigla en inglés) que los hombres jóvenes. Esta considerable brecha es ligeramente mayor que la media de la OCDE, la cual es 1,5 veces, aunque existen variaciones entre países.

Las razones de esta situación son múltiples. Pueden encontrarse en la asignación tradicional de roles de género, según los cuales las mujeres realizan la mayor parte del trabajo doméstico no remunerado junto con el cuidado de los niños y otros miembros de la familia. Otra razón puede deberse a la influencia de los factores culturales heredados, estereotipos de género y actitudes y su interacción para influenciar las conductas de hombres y mujeres. Otra razón puede derivarse del rol de las leyes e instituciones. Por último, la contribución de los factores de infraestructura también es importante, siendo un ejemplo la disponibilidad de centros de atención y de infraestructura física. La nota de esta sección revisa estas fuerzas, las cuales integran el rol que juegan los factores de capital humano para configurar los resultados económicos de género.

Figura 1.12. Las mujeres tienen más probabilidades de tener una condición NEET que los hombres

Personas de 15 a 29 años desempleadas, sin educación o formación (% de población joven), 2019 o último año disponible

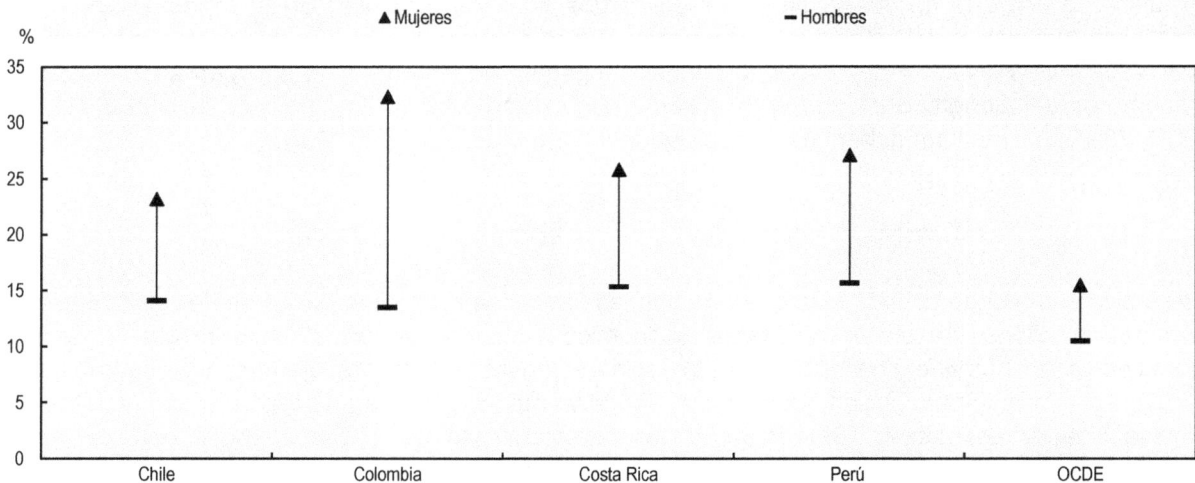

Nota: Chile se refiere a 2017 y Perú a 2016.
Fuente: Cálculo propio basado en encuestas de población activa, OCDE (2019[59]) Invertir en los jóvenes: Perú y OCDE (2020[60]) Educación en un vistazo 2020.

Trabajo no remunerado

El elevado número de horas no remuneradas dedicadas a los cuidados y tareas domésticas es una de las principales razones por las que pocas mujeres trabajan (a tiempo completo) de forma remunerada. Los datos recientes del SIGI (El Índice de Género e Instituciones Sociales por sus siglas en inglés) muestran que, en promedio, el tiempo que las mujeres de América Latina y el Caribe le dedican al cuidado y al trabajo doméstico no remunerado es tres veces mayor a los hombres. (OECD, 2020[61]).

En Chile, en promedio las mujeres dedican 21 horas más a estas labores que los hombres, según las últimas cifras disponibles (Figura 1.13, panel A). La comparación internacional merece cierta cautela, ya que los países pueden aplicar diferentes estrategias para definir sus muestras de población. Por ejemplo, la comparación con la OCDE parece estar limitada por el hecho de que el indicador chileno se centra en todas las personas empleadas de 15 años o más, mientras que el indicador de la OCDE abarca a toda la población entre 15 y 64 años. A pesar de esta salvedad, la magnitud de la brecha en Chile es mayor que la media de la OCDE. En cambio, en Chile los hombres trabajan más horas remuneradas que las mujeres. Con nueve horas, la brecha de género en horas remuneradas es menos de la mitad de la brecha de género en horas no remuneradas. En los países latinoamericanos de la comparación, así como en la media de los países de la OCDE, la diferencia entre ambas brechas es significativamente menor. Reflejando la imagen de la representación de adultos, las niñas adolescentes realizan más trabajo no remunerado y los chicos adolescentes más trabajo remunerado en Chile (Figura 1.13, Panel B).

Figura 1.13. Las mujeres y las niñas en Chile trabajan más horas que los hombres y los niños

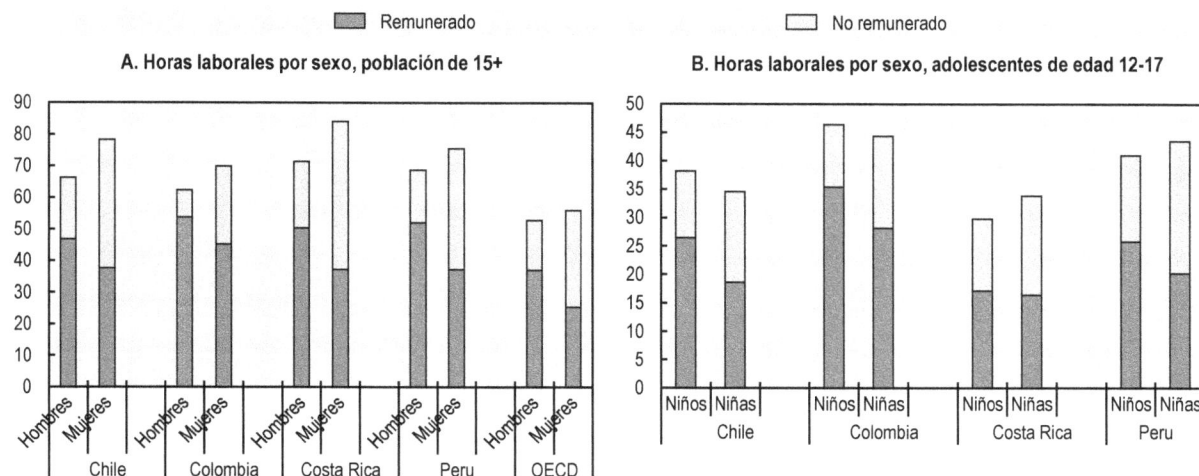

Nota: El gráfico A se refiere a la población con cualquier tipo de empleo remunerado. Dado que los instrumentos de las encuestas sobre el uso del tiempo no son idénticos en todos los países, se debe prestar más atención a las comparaciones internas de los países que a las que se realizan entre ellos. El año de referencia es 2015 para Chile, 2012 para Colombia, 2011 para Costa Rica, 2010 para Perú y alrededor de 2014 para el promedio no ponderado de los países de la OCDE. El promedio de la OCDE se refiere a toda la población de 15-64 años y se calcula multiplicando los valores de uso del tiempo diario por siete; y el promedio colombiano para adolescentes se refiere a 10-17 años.
Fuente: OCDE (2017[62]), Base de datos de la familia de la OCDE y CEPAL (2018[63]), Los cuidados en América Latina y el Caribe.

La distribución del trabajo remunerado y no remunerado en una pareja comienza a bifurcarse aún más con la paternidad. Se trata de un patrón común en todos los países, incluyendo aquellos que supuestamente se caracterizan por actitudes igualitarias más consagradas y por la igualdad de resultados en el mercado laboral. En el caso de las madres primerizas, existe el riesgo de que un acuerdo provisorio dentro de la pareja se convierta en permanente por costumbre y práctica. Gran parte del resultado real dependerá de las actitudes de los padres y de sus ingresos laborales relativos (Schober, 2011[64]; Sanchez and Thomson, 1997[65]).

En Chile, casi la mitad de las parejas con hijos menores de 15 años incluyen a un progenitor que trabaja a tiempo completo y otro que no trabaja de forma remunerada (Cuadro 1.1). Esta proporción es muy superior a la de los 29 países de la OCDE de los que se dispone de información, que, por el contrario, tienen una proporción mucho mayor de parejas en las que ambos padres trabajan a tiempo completo o en las que uno de ellos trabaja a tiempo completo y el otro a media jornada. Las razones de este desequilibrio pueden ser de índole práctica; si, por ejemplo, una madre sigue amamantando o tiene hijos que no cuentan con el beneficio de servicios de cuidados debidos. Además, el estallido de la pandemia del COVID19 ha demostrado que la capacidad de los padres para encontrar soluciones adecuadas para equilibrar mejor las obligaciones domésticas y laborales también reflejan el acceso a horarios de trabajo flexibles u opciones telemáticas. Sin embargo, estas consideraciones prácticas deben sopesarse con el rol que juegan las posturas culturales, según las cuales las tareas de cuidado y los deberes domésticos son "prerrogativas de las mujeres". Las consideraciones económicas a menudo agravan aún más la influencia de estos factores, en particular la creencia de que la pareja femenina ganaría menos que el hombre. Inclusive las madres solteras no suelen trabajar de forma remunerada en Chile, como revela el hecho de que aproximadamente un tercio de los padres solteros, la mayoría de los cuales son mujeres, no trabajan. La crisis del COVID19 ha modificado sustantivamente el trabajo remunerado y no remunerado de hombres y mujeres, tal como la sección 3 lo analiza en detalle más adelante.

Cuadro 1.1. En casi la mitad de las familias chilenas con hijos uno de los miembros de la pareja no trabaja

	Patrones de empleo en parejas con al menos un hijo de 0 a 14 años (% distribución)				
	Ambos a tiempo completo	Una pareja a tiempo completo, una pareja a media jornada	Una pareja a tiempo completo, una pareja no trabaja	Las dos parejas no trabajan	Otro
Chile	32,1	10,8	48,2	3,3	5,7
Costa Rica	26,9	15,6	50,4	1,9	5,2
Perú	35,2	32	22,8	1,2	8,7
Media de la OCDE- 29	41,9	16,6	30,8	5,3	5,4
	Padres solteros con al menos un hijo de 0 a 14 años, por situación laboral (%)				
	Trabajo a tiempo completo	Trabajo a media jornada	Trabajo - no se cuenta con información sobre horario	No trabaja	
Costa Rica	49,5	19,8		30,7	
Chile	51,3	15,5	0,4	32,8	
Perú	64,7	24,8		10,5	
Media de la OCDE- 29	50,5	14,5	0,7	34,3	

Nota: Los datos de Perú corresponden a 2018, los de Costa Rica a 2014, los de Chile a 2013 y los de la OCDE al último año disponible en 2012-13. En el caso de Chile, la distinción entre trabajo a tiempo parcial y a tiempo completo se basa en las horas reales trabajadas en el empleo principal durante la semana de referencia de la encuesta, en lugar de las horas de trabajo semanales habituales. En el caso de Perú, las horas de trabajo se imputaron cuando no se contó con respuestas.
Fuente: OCDE (n.d.[43]), "LMF2.2 Patterns of employment and the distribution of working hours for couples with children" y "LMF2.3 Patterns of employment and the distribution of working hours for single parents", OECD Family Database, http://www.oecd.org/social/family/database.htm; y estimaciones propias a partir del INE (2019[44]) Encuesta Nacional de Hogares.

Estereotipos y actitudes ante la igualdad de género

Los estereotipos de género pueden influir en el empleo femenino de múltiples maneras. En cuanto a la oferta de trabajo, pueden llevar a las mujeres a evitar una búsqueda activa de empleo en el mercado laboral, por ejemplo (Christiansen et al., 2016[66]). Y lo que es peor, este efecto suele verse agravado por la actitud de la pareja, si comparte la misma actitud recelosa o incluso cree que está en su derecho de inhibir a su mujer de buscar activamente un trabajo remunerado. Las masculinidades restrictivas, según las cuales los "verdaderos" hombres deben ser el sostén de la familia y ganar más que las mujeres, pueden contribuir a la exclusión de las mujeres de puestos de alto nivel y altamente remunerados (OECD, 2021[67]). Además de afectar a la oferta de trabajo femenino, las actitudes sobre los roles de género pueden influir en la demanda de trabajo femenino. Por ejemplo, los empleadores que creen que ciertos trabajos deben ser para hombres y no para mujeres, es menos probable que empleen mujeres o que les paguen el mismo salario, si las contratan. Existe evidencia de que la diferencia salarial entre hombres y mujeres tiende a ser mayor en países donde una alta proporción de hombres cree que puestos de trabajo escasos deben ir primero a los hombres (Fortin, 2005[68]).

Sin embargo, un análisis de Ecuador, México y Perú explora si las diferencias en el tiempo total trabajado por mujeres y hombres pueden explicarse por diferencias de normas sociales de género (Campaña, Giménez-Nadal and Molina, 2018[69]). Los resultados corroboran la opinión de que los países con actitudes más igualitarias tienen menos diferencias en la carga total de trabajo entre hombres y mujeres. Además, un cambio de patrón impulsado por la ampliación de oportunidades para las mujeres para encontrar un trabajo remunerado probablemente conllevará efectos de retroalimentación positivos en lo que se refiere a posturas de género, lo que hará que las posturas mejoren con el tiempo (Seguino, 2007[70]).

La evidencia disponible sugiere que la división tradicional entre el hombre que provee el ingreso y la mujer dueña de casa sigue siendo común en Chile, posiblemente más que en otros países de la OCDE, lo que contribuye a perpetuar las actitudes y estereotipos existentes. Desgraciadamente, la situación puede haber empeorado aún más después del COVID19 (véase la sección 3). Durante varios años, la Encuesta Mundial de Valores ha realizado análisis comparativos internacionales solicitando opiniones sobre una selección de actitudes a las normas tradicionales, como las siguientes:

- El "derecho" de las mujeres a participar en el mercado laboral y en la educación ("Cuando los puestos de trabajo son escasos, los hombres deberían tener más derecho a un trabajo que las mujeres" y "Una educación universitaria es más importante para un joven que para una joven");

- La existencia de un sesgo de género en el liderazgo político ("En general, los hombres son mejores líderes políticos que las mujeres"); y

- La compatibilidad de ser madre con la vida laboral ("Cuando una madre trabaja a sueldo, los niños sufren").

La proporción de personas que están de acuerdo con las normas tradicionales mencionadas ha disminuido con el tiempo en muchos países (Seguino, 2007[70]). Sin embargo, Chile destaca en la comparación internacional en una serie de creencias conservadoras (Figura 1.14). En particular, muchos más hombres que mujeres siguen creyendo que los hombres tienen más derechos a participar en el mercado laboral, que son mejores líderes políticos y que el acceso a la universidad es más importante para los niños en Chile que para las niñas. Además de ser amplias, estas brechas son varios puntos porcentuales más altas que las observadas para el promedio de los países latinoamericanos y de la OCDE. Al mismo tiempo, la diferencia en la prevalencia de actitudes conservadoras entre los chilenos de más edad y los más jóvenes también es particularmente pronunciada, ya que los más jóvenes tienen una actitud más igualitaria que los mayores (OECD, 2016[71]).

Figura 1.14. En Chile, la proporción de hombres y mujeres con opiniones tradicionales sobre el rol de la mujer en la vida económica varía más que en otros lugares

Porcentaje de encuestados en la Encuesta Mundial de Valores 201720 que están (muy) de acuerdo con la afirmación

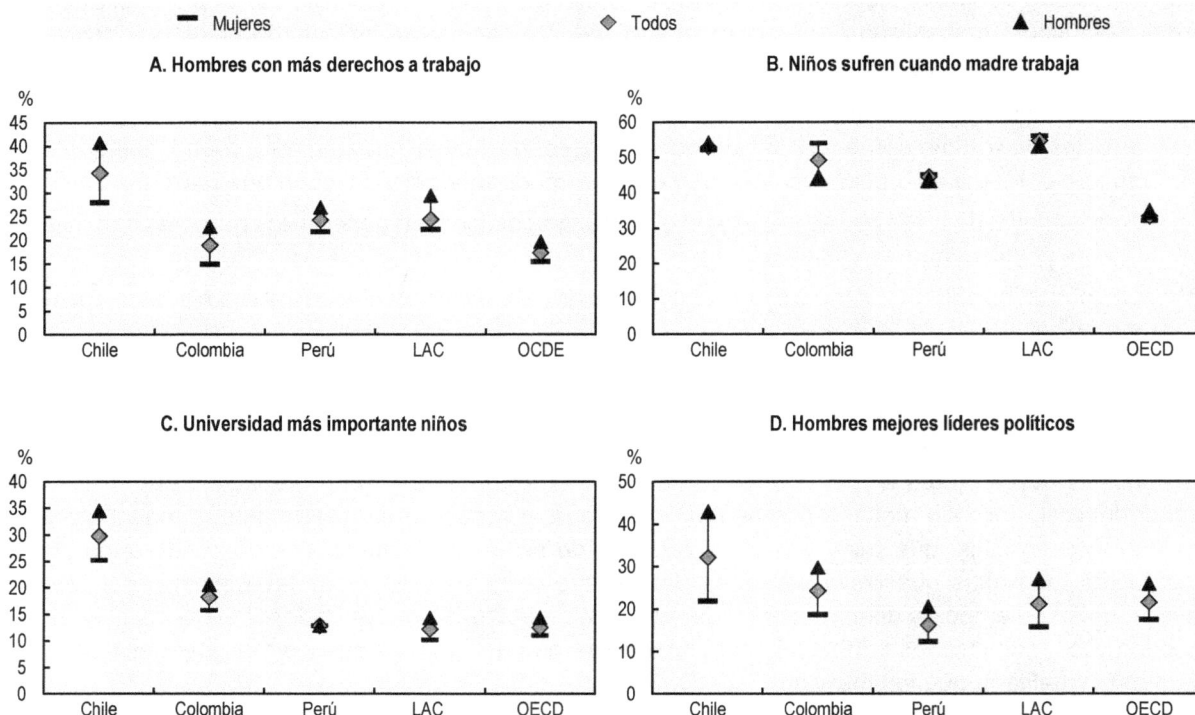

Nota: Las afirmaciones sobre las que se presenta a los encuestados son: "Cuando los empleos son escasos, los hombres deberían tener más derecho a un trabajo que las mujeres"; "Si una mujer gana más dinero que su marido, es casi seguro que causará problemas"; "Cuando una madre trabaja a cambio de un sueldo, los niños sufren"; "Una educación universitaria es más importante para un niño que para una niña"; "En general, los hombres son mejores líderes políticos que las mujeres". La media latinoamericana se basa en Argentina, Brasil, Chile, Colombia, Ecuador, México, Perú y Uruguay. La media de la OCDE (15) se basa en Australia, Chile, Colombia, Alemania, Japón, Corea del Sur, México, Países Bajos, Nueva Zelanda, Polonia, Eslovenia, España, Suecia, Turquía y Estados Unidos.
Fuente: Haerpfer et al. (2020[72]) Encuesta Mundial de Valores: Ronda 7 - Archivo de datos por países.

Instituciones y leyes

Las instituciones y las leyes pueden tener un efecto importante en los resultados laborales de las mujeres. Los análisis realizados en una serie de economías en desarrollo y emergentes sugieren que factores como la igualdad ante la ley, la igualdad en la herencia y el reconocimiento del derecho de las mujeres a ser jefas de hogar, se asocian con una disminución de la brecha de género en la participación en la fuerza laboral de alrededor de 4,6 puntos porcentuales (Gonzales et al., 2015[73]).

El Índice de Género e Instituciones Sociales (SIGI, sigla en inglés) del Centro de Desarrollo de la OCDE recolecta indicadores de medición sistemática de la discriminación contra la mujer en las instituciones sociales de 180 países. Al considerar las leyes, las normas sociales y las prácticas, el SIGI capta las causas subyacentes de la desigualdad de género con el objetivo de proporcionar los datos necesarios para un cambio político transformador. La última edición del SIGI (OECD, 2020[61]) califica el nivel general de discriminación de género en Chile como mediano (Cuadro 1.2). Dentro de dicho contexto, presenta una serie de resultados contrastantes, con la presencia de pocas restricciones a las libertades civiles y a la integridad física de las mujeres, coexistiendo con niveles persistentemente altos de discriminación en la familia y con un acceso restringido a recursos productivos y financieros. La puntuación del Banco Mundial en el índice *Mujer, Empresa y Derecho* de Chile fue de 80 sobre 100, por debajo de los promedios de la OCDE y de América Latina (Cuadro 1.3).

Una cuestión importante que preocupa en Chile es la regulación en materia de derechos de propiedad matrimonial. Aunque en principio las parejas pueden elegir entre tres regímenes diferentes cuando se casan, más del 80% opta por la opción por defecto, que es la más restrictiva y desfavorable para las mujeres, ya que prevé que el marido administre los bienes conyugales (OECD, 2020[61]). Este régimen, que sólo existe en un puñado de países, implica que es difícil para las mujeres casadas iniciar o clausurar un negocio sin el consentimiento del marido por falta de garantías colaterales. En consecuencia, las empresarias pagan intereses más altos. Desde hace ocho años se debate en el Congreso una propuesta de reforma.

Cuadro 1.2. La encuesta SIGI muestra que las prácticas institucionales discriminatorias son más comunes en Chile que en el resto de América Latina

	SIGI		Discriminación en la familia		Integridad física restringida		Acceso restringido a recursos productivos y financieros		Restricción de libertades civiles	
	Puntuación	Cat.	Puntuación	Cat.	Puntuación	Cat.	Puntuación	Cat.	Puntuación	Cat.
Colombia	15	Muy baja	9,6	Muy baja	14,9	Baja	14,5	Baja	20,6	Baja
Perú	24,5	Baja	47,7	Media	26,6	Media	5,5	Muy baja	12,9	Baja
Costa Rica	27,9	Baja	45,7	Media	24,8	Baja	27,5	Media	10,5	Baja
Chile	36,1	Media	36,4	Media	18,8	Baja	64,8	Alta	16,6	Baja
América Latina	25,4		31,2		21,8		22,9		20,2	
OCDE	17,2		25,1		12,6		13,4		17,3	

Nota: Los promedios de América Latina y de la OCDE son medias no ponderadas. El promedio latinoamericano y caribeño del SIGI se basa en Bolivia, Brasil, Colombia, Chile, Costa Rica, Ecuador, El Salvador, Haití, Guatemala, Jamaica, Honduras, México, Nicaragua, Paraguay, Perú, República Dominicana, Trinidad y Tobago y Uruguay. La discriminación en el indicador de familia se basa, además, en Antigua y Barbuda, Bahamas, Barbados, Belice, Cuba, Dominica, Granada, Guyana, Argentina, Panamá y Venezuela (estos tres últimos también para las dimensiones de reFiguras productivas y financieras y libertades civiles).
Fuente: OCDE (2020[61]) Índice de Instituciones Sociales y Género: Informe regional sobre América Latina y el Caribe.

Cuadro 1.3. El índice Mujer, Empresa y Derecho muestra que Chile tiene un rendimiento inferior en varias dimensiones

	ÍNDICE WBL	Movilidad	Lugar de trabajo	Rem.	Matrimonio	Paternidad	Iniciativa empresarial	Activos	Pensión
Chile	77,5	100	75	75	60	100	75	60	75
Colombia	81,9	100	100	50	100	80	75	100	50
Costa Rica	80,0	100	100	25	100	40	75	100	100
Perú	95,0	100	100	100	80	80	100	100	100
LAC	80,4	94.4	82.4	70.4	85.9	51,9	83,3	97,0	77,8
OCDE	93,7	100.0	97.9	88.2	94.4	88,9	94,4	98,9	86,8

Nota: Los promedios de LAC y la OCDE no están ponderados. Para el índice, se puntúan 35 preguntas en los ocho indicadores en base a las leyes y reglamentos en vigor al momento de la elaboración del índice. Las puntuaciones globales se calcularon tomando la media de cada indicador, siendo 100 la máxima puntuación posible.
Fuente: Banco Mundial (2020[74]) Datos sobre la mujer, la empresa y el derecho 1970-2020.

Violencia

Las mujeres pueden sufrir violencia por parte de sus parejas actuales y anteriores u otros miembros de la familia, pero también en la oficina, la escuela y la universidad, en el transporte público y en la calle. Las víctimas de acoso, abuso sexual y físico y violación sufren física y mentalmente (Ministerio del Interior y Seguridad Publica, 2020[75]). Además de estas consecuencias, la violencia en los espacios domésticos y públicos, escuela y trabajo socava las oportunidades educacionales y económicas de las mujeres que la sufren (ILO, 2018[76]). En primer lugar, esto se refleja en el hecho de que se ausentan con mayor frecuencia de la escuela o del trabajo para evitar situaciones de riesgo, lo cual afecta directamente sus logros académicos, productividad en el trabajo y bienestar (ECLAC, 2016[77]). Un alto porcentaje de niñas que experimentan un episodio traumático de esta naturaleza deciden cambiarse de escuela o abandonar el sistema educacional por completo (OCAC, 2020[78]). Para aquellas mujeres que renuncian a su trabajo, esta decisión tiene repercusiones para sus carreras y oportunidades laborales (ILO, 2018[76]). La decisión forzada de restringir sus movimientos también limita el disfrutar de la vida (OCAC, 2020[78]).

En Chile, las mujeres son mucho más propensas a sufrir acoso que los hombres. Según una encuesta reciente del Observatorio contra el Acoso (OCAC), el 64% de las mujeres y el 26% de los hombres indicaron que habían sufrido acoso no verbal, físico o de otro tipo (OCAC, 2020[78]). Más concretamente:

- El porcentaje de mujeres que declaran haber sufrido acoso en espacios públicos es dos veces mayor que el de los hombres. Las mujeres no sólo experimentan esta situación con mayor frecuencia, sino que también lo hacen a una edad más temprana. La mitad de las afectadas declararon que, como consecuencia, cambiaron su comportamiento de alguna forma, como cambiar de itinerario, modo de transporte o pedir a un hombre que las acompañe.

- En el trabajo, tres de cada diez mujeres han sufrido acoso no verbal; dos de cada diez han experimentado tanto acoso verbal como físico. En la mayoría de los casos, el autor del acoso o la agresión es un compañero de trabajo (45%) o un jefe (36%). Casi una cuarta parte de las mujeres que sufrieron acoso sexual en el trabajo abandonaron el puesto y alrededor del 40% evitaron ciertos ámbitos.

- En la escuela o la universidad, casi un tercio ha sufrido acoso no verbal y físico y una sexta parte acoso verbal. Dos tercios de los agresores son compañeros de estudios y más de una quinta parte, profesores o académicos. Aproximadamente una de cada cuatro mujeres que fueron víctimas de acoso mientras estudiaban abandonó los lugares y/o situaciones comunes con su agresor y una de cada diez acudió a un psiquiatra o psicólogo.

- Ante situaciones de violencia, las mujeres tienen casi cinco veces más probabilidades de abandonar sus estudios que los hombres (9,3% y 1,9%, respectivamente). Por otra parte, la evidencia de un estudio realizado en 2015/16 entre estudiantes universitarias de la Universidad de Chile muestra que, si bien inicialmente sólo el 6,5% expresó haber sido víctima de acoso sexual dentro de las dependencias de la universidad, la proporción se duplica con creces al 14,7% cuando se les pregunta por experiencias concretas (Universidad de Chile, 2019[79]).

La intolerancia a la violencia contra las mujeres ha aumentado durante los últimos años en Chile como parte de un amplio patrón en el que los chilenos se sienten cada vez más preocupados por toda forma de violencia, ya sea asociada a delitos, intolerancia o discriminación. Sin embargo, también hay indicios de que la percepción social de la violencia sigue variando dentro de la población, tal como lo revela el hecho de que alrededor del 10% de los chilenos sigue minimizando la relevancia del problema (Pontificia Universidad Católica de Chile, 2020[80]). Muchas mujeres jóvenes, sobre todo de hogares de bajos ingresos, siguen creyendo que no vale la pena denunciar a las autoridades la violencia que sufren, alegando que no es lo suficientemente grave, (CEAD, 2020[81]). Al mismo tiempo, un estudio de estudiantes universitarias de la Universidad de Chile también señaló que muchas víctimas de acoso sexual no lo denuncian por vergüenza o temor a represalias (Universidad de Chile, 2019[79]). En conjunto, estos resultados sugieren que la concientización sobre la relevancia de la violencia contra las mujeres es un desafío de larga data que abarca diferentes grupos sociales y niveles de educación. Durante la pandemia del COVID19, las estrictas condiciones de encierro han exacerbado aún más esta situación, en medio de crecientes riesgos de violencia, explotación y abuso contra las mujeres (Sección 3).

Cuidados e infraestructura física

Otro factor que puede contribuir a las diferencias en los resultados económicos entre hombres y mujeres es la infraestructura física y social y, en relación con ella, la disponibilidad de tecnología doméstica que reemplace el trabajo manual. Por un lado, la disponibilidad de instalaciones fiables y asequibles, como autobuses y trenes locales, instalaciones para el cuidado de niños y ancianos, junto con la electricidad y agua de red, afectan la cantidad de horas que los miembros adultos del hogar necesitan para desplazarse, cuidado de los niños, la cocina y la limpieza y las horas que pueden dedicar a un trabajo remunerado. Por otra parte, el acceso a infraestructuras públicas influye en la seguridad que sienten las personas y, por tanto, en su percepción de las actividades que pueden realizar. Por ejemplo, si las niñas y las mujeres tienen que cruzar zonas mal iluminadas para ir a la escuela o al trabajo o si el acoso sexual es habitual en el transporte público, evitarán salir o tomar el autobús cuando está oscuro. La inseguridad limita el abanico de opciones económicas y de ocio de las mujeres.

La disponibilidad de infraestructuras varía mucho según la zona geográfica y el nivel de ingresos de los hogares. Los hogares acomodados suelen vivir en zonas en las que hay diferentes tipos de infraestructuras disponibles y, normalmente, de mejor calidad. Además, incluso si una determinada infraestructura no está disponible en una zona concreta, es probable que las personas más acomodadas compensen más fácilmente dicha ausencia. Por ejemplo, en lugar de utilizar el transporte público, las mujeres con altos ingresos pueden conducir un vehículo y en lugar de enviar a sus hijos a una guardería pública, pueden contratar a una niñera o pagar una guardería privada.

El acceso a una atención infantil formal o informal asequible y de calidad es un factor clave para apoyar la participación de las mujeres en el mercado laboral (Mateo Díaz and Rodriguez-Chamussy, 2016[82]). En Chile, cuatro de cada cinco niños en edad preescolar de tres a cinco años son matriculados en educación y cuidado preescolar (Figura 1.15). Sin embargo, sólo uno de cada cinco niños menores de tres años asiste a los servicios de atención para la primera infancia, lo que está muy por debajo de la media de la OCDE. Esto alarga el tiempo que las mujeres le dedican al cuidado de los niños en la primera infancia.

Además del cuidado de los niños, muchas mujeres también ayudan a sus familiares mayores en casa y las mujeres de mediana edad asumen gran parte de esta carga adicional. En comparación con el cuidado de los niños, el cuidado de los ancianos es a veces aún más difícil de planificar, lo que hace más engorrosa la combinación entre las actividades de cuidado y laborales (Laczko and Noden, n.d.[83]). Diferentes investigadores han llegado a diferentes conclusiones sobre si la proximidad de centros de cuidado diurnos, con un horario de apertura adecuado, aumenta la participación de la mujer en el mercado laboral. Según Contreras, Puentes y Bravo (2012[84]) el efecto es positivo; mientras que Medrano (2009[85]) y Encina y Martínez (2009[86]) no encuentran ningún efecto. En la siguiente sección sobre políticas para apoyar una distribución más equitativa del trabajo remunerado y no remunerado se analiza en detalle el estado actual del sistema de cuidados chileno y opciones para fortalecerlo.

Figura 1.15. Uno de cada cinco niños en edad preescolar no asiste a la educación parvularia en Chile

Porcentaje de niños matriculados en servicios de educación y atención parvularia o en educación primaria, por grupo de edad, 2017 o más reciente

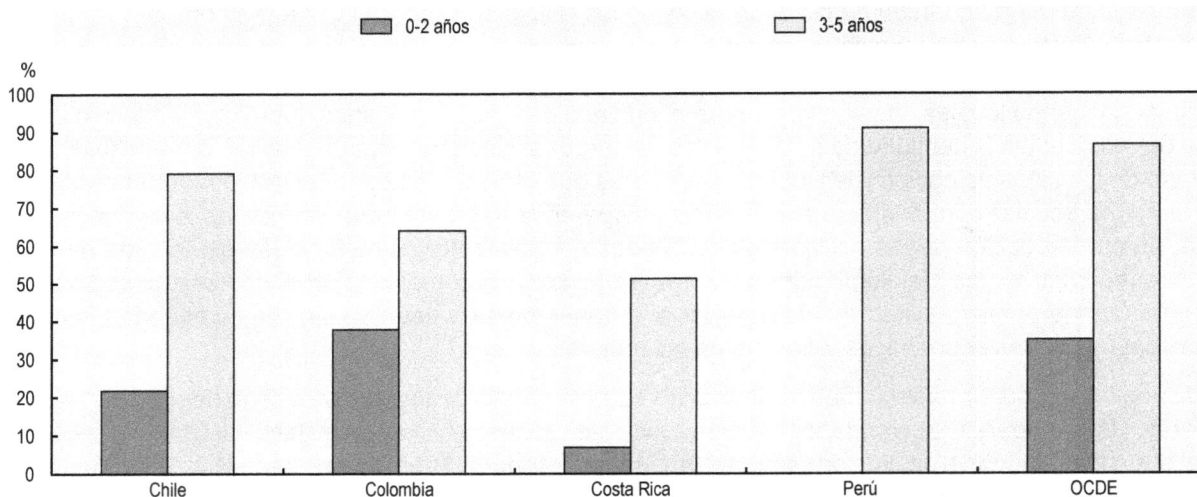

Nota: La media de la OCDE no incluye a Canadá. Perú se refiere a 2018.
Fuente: OCDE (n.d.[43]), "Cuidado y educación formal para niños pequeños - PF3.2 Matricula en guarderías y preescolar", OECD Family Database, http://www.oecd.org/els/family/database.htmy MINEDU (2019[87]), "Tasa neta de asistencia, educación inicial (% de población con edades 3 -5)", Estadística de la Calidad Educativa.

Los desplazamientos largos y onerosos afectan negativamente al bienestar y oportunidades económicas de hombres y mujeres por igual. Sin embargo, es importante subrayar que, en término medio, las necesidades de transporte pueden diferir entre mujeres y hombres. En muchos países, los hombres suelen dedicar más tiempo a ir y volver del trabajo. Las mujeres, en cambio, con más frecuencia realizan viajes cortos o de varias paradas que consisten, por ejemplo, en dejar a un niño en la escuela antes del trabajo y pasar por el mercado de camino a casa desde el trabajo. También son más propensas a caminar y a tomar el transporte público y menos propensas a conducir (Duchène, 2011[88]). Estos patrones también son comunes en todas las ciudades de América Latina (Dominguez Gonzalez et al., 2020[89]). En muchas ciudades de gran tamaño, el sistema de transporte generalmente traslada pasajeros de la periferia al centro, lo que pone en desventaja a las mujeres que necesitan desplazarse entre las distintas zonas de la periferia.

Incluso si hay opciones de transporte disponibles, las mujeres pueden ser reacias a tomarlas si temen ser robadas, acosadas sexualmente o atacadas de otro modo. Una encuesta realizada en 2014 en 15 de las 20 capitales más grandes del mundo, reveló que las mujeres de las ciudades latinoamericanas se sienten más inseguras (en particular en Bogotá, seguida de Ciudad de México y Lima) (Boros, 2014[90]). En Santiago, un mayor porcentaje de mujeres que de hombres utiliza el transporte público (Granada et al., 2019[91]) y en general se sienten menos seguras que los hombres. Las mujeres que pueden permitirse un cambio a otras formas de transporte, como un vehículo propio o taxi, eligen la opción alternativa. Otras tienen que adaptar las horas en las que utilizan el transporte o evitar viajar solas (Allen et al., 2018[92]). Los hogares más pobres también viven con menos frecuencia cerca de infraestructuras públicas, como paradas de autobús o estaciones de tren (90,1% en el primer quintil de ingresos, frente al 96,7% en el quinto), centros educacionales (86,5% frente al 95,0%) y centros de salud (78,5% frente al 88,9%). Esto significa que con frecuencia tienen que recorrer distancias más largas para acceder a los servicios de transporte, educación y salud (Observatorio Social, 2018[93]).

Además, el esfuerzo requerido para mantener un hogar en buenas condiciones, y por tanto las horas disponibles para otras actividades, depende del acceso a la electricidad y tecnología que ahorra labores manuales. Electrodomésticos como la lavadora de ropa han reducido enormemente el esfuerzo físico y tiempo necesario para lavar la ropa, limpiar la casa y cocinar. El efecto de ahorro de tiempo de los electrodomésticos es tan importante que algunos economistas creen que han cambiado el mundo más que la Internet (Chang, 2012[94]). En Chile, el 99,7% de los hogares tenía acceso a la electricidad en 2018, pero en las zonas rurales, el 1,4% aún no estaba conectado a la red eléctrica (World Bank, n.d.[95]; Red de Pobreza Energética, n.d.[96]).

Referencias

Allen, H. et al. (2018), *Ella se mueve segura (ESMS) – A study on women's personal safety in public transport in three Latin American cities*, CAF and FIA Foundation, https://scioteca.caf.com/bitstream/handle/123456789/1407/Ella%20se%20mueve%20segura%20%E2%80%93%20A%20study%20on%20womens%20personal%20safety.pdf?sequence=5&isAllowed=y. [92]

Arceo-Gomez, E. and R. Campos-Vazquez (2014), "Teenage Pregnancy in Mexico: Evolution and Consequences", *Latin American Journal of Economics*, Vol. 51/1, http://dx.doi.org/10.7764/LAJE.51.1.109. [25]

Boros, C. (2014), *EXCLUSIVE-POLL: Latin American cities have most dangerous transport for women, NYC best*, Reuters, London, https://uk.reuters.com/article/women-poll-exclusive-poll-latin-american-cities-have-most-dangerous-transport-for-women-nyc-best-idUKL6N0S32MQ20141029. [90]

Campaña, J., J. Giménez-Nadal and J. Molina (2018), "Gender Norms and the Gendered Distribution of Total Work in Latin American Households", *Feminist Economics*, doi: 10.1080/13545701.2017.1390320, pp. 35-62, http://dx.doi.org/10.1080/13545701.2017.1390320. [69]

CEAD (2020), *Informe de Resultados IV Encuesta de Violencia contra la Mujer en el Ámbito de Violencia Intrafamiliar y en Otros Espacios (ENVIF-VCM)*, http://cead.spd.gov.cl/centro-de-documentacion/. [81]

Chang, H. (2012), *23 things they don't tell you about capitalism*, Bloomsbury Publishing, London. [94]

Christiansen, L. et al. (2016), "Individual Choice or Policies? Drivers of Female Employment in Europe", *IMF Working Paper*, No. 16/49. [66]

Comunidad Mujer (2020), *Cuanto aportamos al PIB?*, https://www.comunidadmujer.cl/biblioteca-publicaciones/wp-content/uploads/2020/03/Cuánto-aportamos-al-PIB.-Primer-Estudio-de-Valoración-Económica-del-Trabajo-Doméstico-y-de-Cuidado.pdf (accessed on 22 March 2021). [17]

CONICYT (2018), *Reporte de participacion femenina periodo 2009-2018*, https://www.conicyt.cl/wp-content/uploads/2015/03/REPORTE-DE-GENERO-2018-_VF.pdf. [53]

Connolly, S. and M. Gregory (2008), "Moving Down: Women's Part-Time Work and Occupational Change in Britain 1991–2001*", *The Economic Journal*, doi: 10.1111/j.1468-0297.2007.02116.x, pp. F52-F76, http://dx.doi.org/10.1111/j.1468-0297.2007.02116.x. [11]

Conti, G., J. Heckman and S. Urzua (2010), "The Education-Health Gradient", *American Economic Review*, Vol. 100/2, pp. 234-238, http://dx.doi.org/10.1257/aer.100.2.234. [2]

Contreras, D., E. Puentes and D. Bravo (2012), "Female Labor Supply and Child Care Supply in Chile", *Department of Economics Working Paper*, No. 340, University of Chile, Santiago, https://ideas.repec.org/p/udc/wpaper/wp370.html. [84]

Dávila-Cervantes, C. and M. Agudelo-Botero (2019), "Health inequalities in Latin America: persistent gaps in life expectancy", *The Lancet Planetary Health*, doi: 10.1016/S2542-5196(19)30244-X, pp. e492-e493, http://dx.doi.org/10.1016/S2542-5196(19)30244-X. [3]

Dominguez Gonzalez, K. et al. (2020), *Why does she move? A Study of Women's Mobility in Latin American Cities*, World Bank, Washington, D.C., http://documents.worldbank.org/curated/en/276931583534671806/pdf/Why-Does-She-Move-A-Study-of-Womens-Mobility-in-Latin-American-Cities.pdf. [89]

Dougherty, C. (2005), "Why Are the Returns to Schooling Higher for Women than for Men?", *The Journal of Human Resources*, Vol. 40/4, pp. 969-988, http://www.jstor.org/stable/4129547. [7]

Duchène, C. (2011), "Gender and Transport", *Discussion Paper*, No. 11, International Transport Forum, Paris. [88]

ECLAC (2019), *Poder legislativo: porcentaje de mujeres en el órgano legislativo nacional: Cámara baja o única*, https://oig.cepal.org/es/indicadores/poder-legislativo-porcentaje-mujeres-organo-legislativo-nacional-camara-baja-o-unica (accessed on October 2020). [58]

ECLAC (2018), *Los cuidados en América Latina y el Caribe*, Economic Commission for Latin America and the Caribbean, Santiago de Chile. [63]

ECLAC (2017), *Reproduccion en la adolescencia en Chile: la desigualdad continua y urgen politicas activas*, https://diprece.minsal.cl/wrdprss_minsal/wp-content/uploads/2017/04/Estudio-CEPAL-elaborado-en-el-marco-del-Acuerdo-que-tiene-con-UNFPA.pdf. [33]

ECLAC (2016), *Otras formas de violencia contra la mujer*, https://repositorio.cepal.org/bitstream/handle/11362/40754/4/S1601170_es.pdf. [77]

Encina, J. and C. Martínez (2009), "Efecto de una mayor cobertura de salas cuna en la participación laboral femenina: evidencia de Chile", *Department of Economics Working Paper*, No. 303, University of Chile, Santiago, https://ideas.repec.org/p/udc/wpaper/wp303.html. [86]

Ferrant, G., L. Pesando and K. Nowacka (2014), "Unpaid Care Work: The missing link in the analysis of gender gaps in labour outcomes", OECD Development Centre, Paris, http://www.oecd.org/dev/development-gender/unpaid_care_work.pdf. [10]

Ferrant, G. and A. Thim (2019), "Measuring Women's Economic Empowerment: Time Use Data and Gender Inequality", *OECD Development Policy Papers*, No. 16, OECD Publishing, https://doi.org/10.1787/02e538fc-en. [16]

Fortin, N. (2005), "Gender Role Attitudes and the Labour-market Outcomes of Women across OECD Countries", *Oxford Review of Economic Policy*, Vol. 21/3, pp. 416-438, http://dx.doi.org/10.1093/oxrep/gri024. [68]

Gonzales, C. et al. (2015), "Fair Play: More Equal Laws Boost Female Labor Force Participation", *IMF Staff Discussion Paper*, No. 15/02, International Monetary Fund, Washington, D.C. [73]

Granada, I. et al. (2019), *Género y Transporte: Santiago*, Interamerican Development Bank, Washington, D.C. [91]

Haerpfer, C. et al. (2020), *World Values Survey: Round Seven - Country-Pooled Datafile*. [72]

IDB (2018), *Women at the Forefront of Economic Prosperity in the 21st Century*, https://publications.iadb.org/publications/english/document/Women-at-the-Forefront-of-Economic-Prosperity-in-the-21st-Century.pdf. [55]

ILO (2018), *Acabar con la violencia y el acoso contra las mujeres y los hombres en el mundo laboral*, https://www.ilo.org/wcmsp5/groups/public/---ed_norm/---relconf/documents/meetingdocument/wcms_554100.pdf. [76]

ILO (2018), *Global Wage Report 2018/19: What lies behind gender pay gaps*, International Labour Office, Geneva, https://www.ilo.org/wcmsp5/groups/public/---dgreports/---dcomm/---publ/documents/publication/wcms_650553.pdf. [50]

ILO (n.d.), *ILOSTAT*, https://ilostat.ilo.org/ (accessed on 29 April 2020). [42]

ILO, MINTRAB and MINDESARROLLO (2013), *Magnitud y características del trabajo infantil en Chile - Informe 2013*, Organización Internacional del Trabajo, Programa Internacional para la Erradicación del Trabajo Infantil (IPEC), Ministerio del Trabajo y Previsión Social y Ministerio de Desarrollo Social de Ch, http://white.lim.ilo.org/ipec/documentos/oit_chile_2013.pdf. [22]

INE (2019), *Encuesta Nacional de Hogares*, Instituto Nacional de Estadística e InformáticaA, Lima, https://webinei.inei.gob.pe/anda_inei/index.php/catalog/613/. [44]

Jonas, N. and W. Thorn (2018), "Literacy skills and family configurations", *OECD Education Working Papers*, No. 192, OECD Publishing, Paris, https://dx.doi.org/10.1787/509d788a-en. [28]

Kahn, S. and D. Ginther (2018), "Women and Science, Technology, Engineering, and Mathematics (STEM): Are Differences in Education and Careers Due to Stereotypes, Interests, or Family?", in Averett, S., L. Argys and S. Hoffman (eds.), *The Oxford Handbook of Women and the Economy*, Oxford University Press, Oxford, http://dx.doi.org/10.1093/oxfordhb/9780190628963.013.13. [38]

Laczko, F. and S. Noden (n.d.), "Combining paid work with eldercare: the implications for social policy", *Health and Social Care*, Vol. 1, pp. 81-89, https://onlinelibrary.wiley.com/doi/pdf/10.1111/j.1365-2524.1993.tb00200.x. [83]

MacDonald, M., S. Phipps and L. Lethbridge (2005), "Taking Its Toll: The Influence of Paid and Unpaid Work on Women's Well-Being", *Feminist Economics*, doi: 10.1080/1354570042000332597, pp. 63-94, http://dx.doi.org/10.1080/1354570042000332597. [12]

Mandakovic, V. et al. (2017), *Mujeres y actividad emprendedora en Chile 2017*, Universidad del Desarrollo, Santiago. [45]

Marcus, R. and E. Page (2016), *Girls' Learning and Empowerment - The Role of School Environments*, United Nations Girls' Education Initiative, http://www.ungei.org/Policy_Brief_-_School_Environments-v2.pdf. [9]

Mateo Díaz, M. and L. Rodriguez-Chamussy (2016), *Cashing in on Education - Women, Childcare, and Prosperity in Latin America and the Caribbean*, International Bank for Reconstruction and Development / The World Bank, Washington, D.C. [82]

Medrano, P. (2009), "Public Day Care and Female Labor Force Participation: Evidence from Chile", *Department of Economics Working Paper*, No. 306, University of Chile, Santiago, http://econ.uchile.cl/uploads/publicacion/25d848f1-0435-4691-9623-b20cff7a36aa.pdf. [85]

Mincer, J. (1984), "Human capital and economic growth", *Economics of Education Review*, Vol. 3/3, pp. 195-205, https://doi.org/10.1016/0272-7757(84)90032-3. [4]

MINDES (2018), "Equidad de Género: Sintesis de Resultados CASEN 2017", http://observatorio.ministeriodesarrollosocial.gob.cl/casen-multidimensional/casen/docs/CASEN_2017_EQUIDAD_DE_GENERO.pdf. [51]

MINEDU (2019), *Estadistica de la Calidad Educativa*, http://escale.minedu.gob.pe/ueetendencias2016 (accessed on 26 May 2020). [87]

MINEDUC (2020), *Medicion de la exclusion escolar en Chile*, https://centroestudios.mineduc.cl/wp-content/uploads/sites/100/2020/04/DOCUMENTO-DE-TRABAJO-20_2020_f01.pdf (accessed on 3 October 2020). [21]

Ministerio de Economia Fomento y Turismo (2020), *Boletín EME-6: Género y Microemprendimiento*, https://www.economia.gob.cl/2020/12/31/boletin-eme-6-genero-y-microemprendimiento.htm (accessed on 22 March 2021). [47]

Ministerio de Economía Fomento y Turismo (2017), *Informe de resultados: Empresas en Chile*, Ministerio de Economía, Fomento y Turismo. [48]

Ministerio del Interior y Seguridad Publica (2020), *IV Encuesta de Violencia contra la Mujer en el Ambito de Violencia Intrafamiliar y en Otros Espacios (ENVIF-VCM) Resultados Pais*, http://cead.spd.gov.cl/wp-content/uploads/file-manager/Presentaci%C3%B3n%20de%20Resultados%20IV%20ENVIF-VCM.pdf (accessed on 22 March 2021). [75]

MINSAL (2013), *Situacion actual del embarazo adolescente en Chile*, Ministerio del Salud, Santiago, https://www.minsal.cl/portal/url/item/c908a2010f2e7dafe040010164010db3.pdf. [31]

Modrego, F., D. Paredes and G. Romaní (2017), "Individual and place-based drivers of self-employment in Chile", *Small Business Economics*, Vol. 49/2, pp. 469-492, http://dx.doi.org/10.1007/s11187-017-9841-2. [46]

Montenegro, C. and H. Patrinos (2014), "Comparable estimates of returns to schooling around the world", *Policy Research Working Paper*, No. 7020, World Bank, Washington, D.C., http://documents.worldbank.org/curated/en/830831468147839247/Comparable-estimates-of-returns-to-schooling-around-the-world. [6]

NEAL, S. (2018), *The impact of young maternal age at birth on neonatal mortality: Evidence from 45 low and middle income countries*, https://www.ncbi.nlm.nih.gov/pmc/articles/PMC5965834/ (accessed on 19 March 2021). [35]

Nollenberger, N., N. Rodríguez-Planas and A. Sevilla (2016), "The Math Gender Gap: The Role of Culture", *American Economic Review*, Vol. 106/5, pp. 257-261, http://dx.doi.org/10.1257/aer.p20161121. [39]

Observatorio Social (2018), *CASEN 2017 Síntesis de Resultados Vivienda y Entorno*, Ministerio de Desarrollo Social, Santiago, http://observatorio.ministeriodesarrollosocial.gob.cl/casen-multidimensional/casen/docs/Resultados_vivienda_casen_2017.pdf. [93]

Observatorio Social (2018), *Encuesta CASEN 2017 - Educación*, Ministerio de Desarrollo Social, Santiago, http://observatorio.ministeriodesarrollosocial.gob.cl/casen-multidimensional/casen/docs/Educacion_casen_2017.xlsx. [19]

Observatorio Social (2017), *Equidad de Gnéero: Indice de Resultados*, http://observatorio.ministeriodesarrollosocial.gob.cl/casen-multidimensional/casen/docs/CASEN_2017_EQUIDAD_DE_GENERO.pdf. [34]

OCAC (2020), *Radiografia del acoso sexual en Chile: Primera encuesta nacional sobre acoso sexual callejero, laboral, en*, https://www.ocac.cl/wp-content/uploads/2020/07/Informe-encuesta-OCAC-2020.-Radiograf%C3%ADa-del-acoso-sexual-en-Chile.pdf. [78]

OECD (2021), *Man Enough? Measuring Masculine Norms to Promote Women's Empowerment*, Social Institutions and Gender Index, OECD Publishing, Paris, https://dx.doi.org/10.1787/6ffd1936-en. [67]

OECD (2020), *Education at a Glance 2020: OECD Indicators*, OECD Publishing, Paris, https://dx.doi.org/10.1787/69096873-en. [60]

OECD (2020), *SIGI 2020 Regional Report for Latin America and the Caribbean*, Social Institutions and Gender Index, OECD Publishing, Paris, https://dx.doi.org/10.1787/cb7d45d1-en. [61]

OECD (2019), *Education at a Glance 2019: OECD Indicators*, OECD Publishing, Paris, https://doi.org/10.1787/f8d7880d-en. [1]

OECD (2019), *Investing in Youth: Peru*, Investing in Youth, OECD Publishing, Paris, https://dx.doi.org/10.1787/9789264305823-en. [59]

OECD (2019), *PISA 2018 Results (Volume II): Where All Students Can Succeed*, PISA, OECD Publishing, Paris, https://dx.doi.org/10.1787/b5fd1b8f-en. [37]

OECD (2019), *Skills Matter: Additional Results from the Survey of Adult Skills*, OECD Skills Studies, OECD Publishing, Paris, https://dx.doi.org/10.1787/1f029d8f-en. [20]

OECD (2018), *OECD.Stat*, http://dotstat.oecd.org/?lang=en. [40]

OECD (2018), "Teenage parenthood: How does it relate to proficiency in literacy?", *Adult Skills in Focus*, No. 9, OECD Publishing, Paris, https://dx.doi.org/10.1787/de7859a0-en. [27]

OECD (2017), *OECD Family Database - Key characteristics of parental leave systems*, OECD Publishing, Paris, http://www.oecd.org/els/soc/PF2_1_Parental_leave_systems.pdf. [62]

OECD (2017), *Women in politics: Women parlamentarians*, https://data.oecd.org/inequality/women-in-politics.htm. [57]

OECD (2016), *Gender Equality in the Pacific Alliance: Promoting Women's Economic Empowerment*, OECD Publishing, Paris, https://dx.doi.org/10.1787/9789264262959-en. [71]

OECD (2016), *Improving Women's Access to Leadership: What Works?*, OECD, Paris, https://www.oecd.org/about/secretary-general/improving-womens-access-to-leadership-what-works.htm. [54]

OECD (2016), *Skills Matter: Further Results from the Survey of Adult Skills*, OECD Skills Studies, OECD Publishing, Paris, https://dx.doi.org/10.1787/9789264258051-en. [36]

OECD (n.d.), *Employment database*, https://www.oecd.org/employment/labour-stats/onlineoecdemploymentdatabase.htm (accessed on 29 April 2020). [41]

OECD (n.d.), *LFS - Decile ratios of gross earnings*, https://stats.oecd.org/Index.aspx?QueryId=64193 (accessed on 29 April 2020). [49]

OECD (n.d.), *OECD Family Database*, http://www.oecd.org/social/family/database.htm. [43]

Ogolsky, B., R. Dennison and J. Monk (2014), "The Role of Couple Discrepancies in Cognitive and Behavioral Egalitarianism in Marital Quality", *Sex Roles*, Vol. 70/7, pp. 329-342, http://dx.doi.org/10.1007/s11199-014-0365-9. [14]

PAHO, UNFPA and UNICEF (2017), *Accelerating progress toward the reduction of adolescent pregnancy in Latin America and the Caribbean*, Pan American Health Organization / World Health Organization, Washington, D.C., https://iris.paho.org/bitstream/handle/10665.2/34493/9789275119761-eng.pdf?sequence=1&isAllowed=y&ua=1. [32]

PNUD (2020), *Nuevo Mapa del Poder y Género en Chile (1995-2018)*, https://www.cl.undp.org/content/chile/es/home/library/crisis_prevention_and_recovery/nuevo-mapa-del-poder-y-genero-en-chile--1995-2018-.html. [56]

Pontificia Universidad Católica de Chile (2020), *Encuesta Nacional Bicentenario*, https://encuestabicentenario.uc.cl/resultados/ (accessed on 27 July 2020). [80]

Post, D. (2011), "Primary school student employment and academic achievement in Chile, Colombia, Ecuador and Peru", *International Labour Review*, Vol. 150/3-4, pp. 255-278. [23]

Post, D. and S. Pong (2009), "The academic effects of after-school paid and unpaid work among 14-year-old students in TIMSS countries", *Compare: A Journal of Comparative and International Education*, doi: 10.1080/03057920802681804, pp. 799-818, http://dx.doi.org/10.1080/03057920802681804. [24]

Publimetro (2018), *Deserción escolar: 50% de las alumnas embarazadas no retoman posteriormente sus estudios*, https://www.publimetro.cl/cl/noticias/2018/03/05/desercion-escolar-50-las-alumnas-embarazadas-no-retoman-posteriormente-estudios.html (accessed on 3 October 2020). [26]

Red de Pobreza Energética (n.d.), *¿Qué es Pobreza Energética?*, http://redesvid.uchile.cl/pobreza-energetica/que-es-pobreza-energetica/ (accessed on 8 July 2020). [96]

Sanchez, L. and E. Thomson (1997), "Becoming Mothers and Fathers: Parenthood, Gender, and the Division of Labor", *Gender & Society*, doi: 10.1177/089124397011006003, pp. 747-772, http://dx.doi.org/10.1177/089124397011006003. [65]

Schober, P. (2011), "The Parenthood Effect on Gender Inequality: Explaining the Change in Paid and Domestic Work When British Couples Become Parents", *European Sociological Review*, Vol. 29/1, pp. 74-85, http://dx.doi.org/10.1093/esr/jcr041. [64]

Schultz, T. (1993), "Returns to Women's Education", in King, E. and M. Hill (eds.), *Women's Education in Developing Countries: Barriers, Benefits and Policies*, World Bank, Washington, D.C. [8]

Seguino, S. (2007), "Plus ça Change? Evidence on Global Trends in Gender Norms and Stereotypes", *Feminist Economics*, doi: 10.1080/13545700601184880, pp. 1-28, http://dx.doi.org/10.1080/13545700601184880. [70]

Sepúlveda, P. (2019), "Embarazo adolescente experimenta fuerte caída y registra la mitad de los casos que hace dos décadas", *La Tercera*, https://www.latercera.com/que-pasa/noticia/embarazo-adolescente-experimenta-fuerte-caida/695641/. [30]

Sigle-Rushton, W. (2010), "Men's Unpaid Work and Divorce: Reassessing Specialization and Trade in British Families", *Feminist Economics*, doi: 10.1080/13545700903448801, pp. 1-26, http://dx.doi.org/10.1080/13545700903448801. [13]

UNESCO (2015), *UNESCO Science Report*, https://en.unesco.org/unescosciencereport. [52]

UNESCO (2014), *Developing an education sector response to early and unintended pregnancy - Discussion document for a global consultation*, UNESCO, Paris, https://unesdoc.unesco.org/in/documentViewer.xhtml?v=2.1.196&id=p::usmarcdef_00002305 10&file=/in/rest/annotationSVC/DownloadWatermarkedAttachment/attach_import_0cd6034f-c602-4e59-8e8d-e6b59c41d45d%3F_%3D230510eng.pdf&locale=en&multi=true&ark=/ark:/48223/p. [29]

UNESCO Institute for Statistics (n.d.), *UIS Database*, http://data.uis.unesco.org/ (accessed on 29 April 2020). [18]

Universidad de Chile (2019), *Acoso en el campus: El acoso sexual en la Universidad de Chile*, https://direcciondegenero.uchile.cl/project/acosoenelcampus/. [79]

WHO (2007), *Fatherhood and health outcomes in Europe*, World Health Organization , Copenhagen, http://www.euro.who.int/__data/assets/pdf_file/0017/69011/E91129.pdf. [15]

Woodhall, M. (1973), "The economic returns to investment in women's education", *Higher Education*, Vol. 2/3, pp. 275-299, http://dx.doi.org/10.1007/BF00138806. [5]

World Bank (2020), *Women, Business and the Law data for 1971-2020*, World Bank, Washington, D.C., https://wbl.worldbank.org/en/resources/data. [74]

World Bank (n.d.), *World Development Indicators*, World Bank, Washington, D.C., https://data.worldbank.org. [95]

Notas

[1] La brecha en el promedio de los ingresos laborales entre hombres y mujeres en Chile durante el cuarto trimestre de 2019 alcanzó un 28,1%. La brecha mayor que la reportada por las estimaciones de la OCDE puede explicarse, por un lado, por el hecho de que los hombres están sobrerrepresentados entre los asalariados de altos ingresos (y esto afecta a la media pero no a la mediana) y que la estimación de la OCDE se restringe a los trabajadores a tiempo completo.

2 Un marco de política integral para lograr una distribución equilibrada del trabajo remunerado y no remunerado

En este capítulo se argumenta que para lograr un mejor reparto de las responsabilidades remuneradas y no remuneradas entre hombres y mujeres en Chile se requiere de una estrategia política integral y se presenta un marco holístico para su desarrollo utilizando dos ejes políticos. El primer eje comprende las políticas destinadas a reducir las barreras que se interponen para una división más equitativa del tiempo y las responsabilidades entre hombres y mujeres: La creación de un sistema de cuidados más eficaz, la ampliación del permiso parental y la reducción de la transmisión de estereotipos de género mediante del sistema educacional. El segundo eje incluye políticas que pretenden aumentar la participación de las mujeres en el mercado laboral garantizando que el trabajo remunerado de las mujeres sea más rentable: Garantizar el acceso a una educación de calidad para todos, promover a las mujeres en carreras no tradicionales y puestos de liderazgo, apoyar el espíritu empresarial femenino y combatir la violencia contra las mujeres. El capítulo revisa en detalle cada área y ofrece ideas políticas para posibles mejoras.

Tal como se comentó en el capítulo 1, muchos factores sociales, institucionales y económicos están detrás de una mayor carga de trabajo no remunerado de las mujeres y de sus resultados económicos menos favorables. Los cambios políticos, así como los cambios de actitud, han contribuido a reducir las diferencias de género en el mercado laboral y prácticamente las han eliminado en la educación básica. Sin embargo, algunas niñas en Chile siguen abandonando la escuela prematuramente y muchas mujeres se alejan de carreras científicas y técnicas mejor remuneradas, están menos empleadas en trabajos de calidad, trabajan más frecuentemente en el sector informal y ganan menos dinero. Si se reducen estas diferencias, tanto los hombres como las mujeres obtendrán importantes beneficios en términos de bienestar e ingresos. Un reparto más equitativo del trabajo remunerado y no remunerado es, por tanto, un objetivo político relevante.

Dada la variedad de factores condicionantes de la actual división del trabajo remunerado y no remunerado, Chile necesita implementar una estrategia de política integral para avanzar hacia una distribución más equilibrada de las actividades masculinas y femeninas. Como contribución a dicha estrategia política, este capítulo propone un marco holístico, basado en dos ejes políticos, a saber:

- Por un lado, políticas destinadas a reducir las barreras que actualmente se interponen para una distribución más equitativa del tiempo y responsabilidades entre hombres y mujeres

- Por otro lado, políticas cuya intención sea aumentar la participación de las mujeres en el mercado laboral en donde se garantice que el trabajo remunerado de las mujeres sea mejor remunerado.

El primer eje de política se centra entonces en reducir la carga de trabajo no remunerado que tienen que realizar las mujeres y los obstáculos que dificultan un reparto más equitativo del trabajo remunerado y no remunerado entre géneros. Algunos ejemplos clave de las políticas que abarcan este eje son la ampliación del sistema público de atención a la infancia y la tercera edad; la introducción o refuerzo de la normativa que regula los permisos parentales y soluciones de trabajo flexible y el fomento de un enfoque neutro desde un punto de vista de género en todos los niveles de la educación.

El segundo eje político pone de relieve las políticas que contribuyen a reducir la brecha de género en los ingresos laborales reduciendo, a su vez, el incentivo para que las mujeres dediquen demasiadas horas al trabajo no remunerado y liberando más horas que pueden destinar a un trabajo remunerado. Ejemplos clave de estas políticas son la eliminación de las barreras que aún existen para que todos los grupos de niñas accedan a una educación de calidad, los esfuerzos para aumentar la proporción de mujeres que trabajan en el sector formal y tienen acceso a empleos de calidad y el combate de la violencia a las mujeres en espacios públicos y trabajo.

La Figura 2.1muestra un diagrama del marco de las políticas. Los dos ejes de las políticas se refuerzan mutuamente, en el sentido de que la interacción de los cambios positivos de política que se produzcan entre ellas conducirá a un aumento significativo en la cantidad de mujeres que podrían y desearían trabajar fuera de casa y del número de hombres dispuestos a hacerse cargo de las labores de cuidado y domésticas.

Aunque no son las únicas políticas que podrían contribuir a estos cambios, las áreas específicas abordadas en este informe surgieron como las más relevantes, tanto en términos de impacto potencial como de factibilidad, durante una misión investigadora del proyecto en Santiago de Chile. El recordatorio del capítulo revisa cada área en detalle, comenzando con una evaluación de los desafíos y las políticas existentes. Luego vendrá un conjunto de políticas basadas en las lecciones de la experiencia internacional y los conocimientos de la OCDE sobre prácticas internacionales.

Figura 2.1. Un marco político integral para lograr un reparto equilibrado del trabajo remunerado y no remunerado en Chile

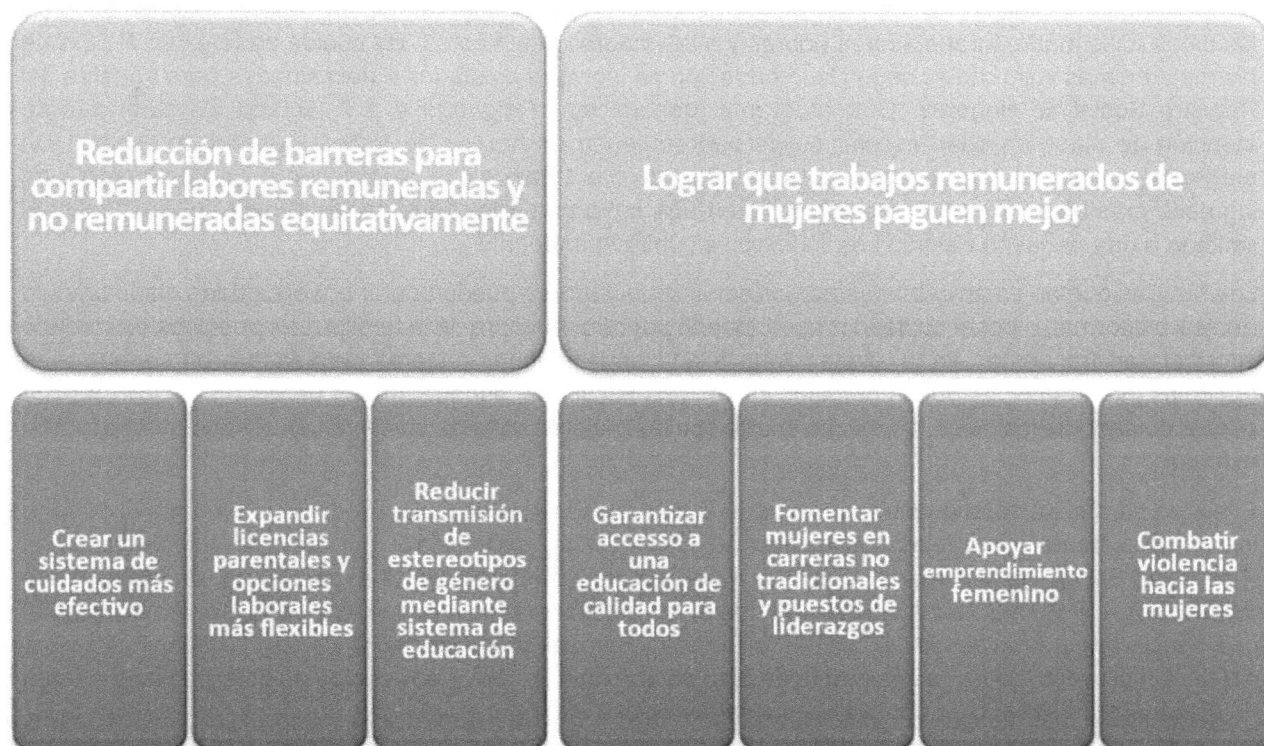

Reducción de barreras para compartir labores remuneradas y no remuneradas equitativamente			Lograr que trabajos remunerados de mujeres paguen mejor			
Crear un sistema de cuidados más efectivo	Expandir licencias parentales y opciones laborales más flexibles	Reducir transmisión de estereotipos de género mediante sistema de educación	Garantizar accesso a una educación de calidad para todos	Fomentar mujeres en carreras no tradicionales y puestos de liderazgos	Apoyar emprendimiento femenino	Combatir violencia hacia las mujeres

Reducir obstáculos para compartir el trabajo remunerado y no remunerado de forma equitativa

Crear un sistema de cuidados más integral

Las actividades de cuidado de bebés, niños y adultos discapacitados, enfermos o ancianos constituyen una parte importante del trabajo doméstico no remunerado. En ausencia de un sistema nacional integral de cuidados, el grueso de estas actividades recae principalmente en las mujeres. En un día normal, las mujeres de América Latina dedican un promedio de 1,5 horas más a las actividades de cuidado de los miembros de su propio hogar que los hombres (3,4 horas frente a 2,1 horas). En Chile la diferencia es mayor, ya que las mujeres dedican casi el doble de tiempo a dichas actividades (3,0 horas frente a 1,6 horas) (INE, 2016[1]). Esto es más que en Argentina (donde las mujeres dedican 1,1 horas más a las actividades de cuidado que los hombres) y menos que en Perú (donde las mujeres dedican 2,2 horas más que los hombres) (ECLAC, 2018[2]). La disponibilidad de servicios de cuidado públicos y privados asequibles podría contribuir a un equilibrio de la carga de cuidados entre los géneros si se complementa con esfuerzos más amplios para cambiar actitudes, en conjunto con políticas para aumentar las licencias parentales y las oportunidades de trabajo a media jornada para hombres y mujeres.

Aunque en Chile existe una combinación de servicios de guardería privados y públicos, siguen existiendo importantes retos. Según el artículo 203 del Código del Trabajo, los empleadores con más de 20 trabajadoras deben proporcionar asistencia para el cuidado de niños menores de dos años. Esta obligación disuade a los empleadores de contratar formalmente a mujeres que superan el umbral y deja sin cobertura a aquellas mujeres que trabajan para empleadores más pequeños o que no cumplen con la normativa. El Ministerio de Trabajo desea sustituir el actual umbral de 20 trabajadoras por un sistema más universal, accesible a todos los trabajadores y a mujeres de escasos recursos, financiado mediante una contribución del 0,1% sobre los salarios imponibles.

Además de la disposición anterior, el programa *Chile Crece Contigo* amplía la cobertura del cuidado de los niños a las madres trabajadoras pobres y a las madres estudiantes, las cuales pertenecen al 60% de las mujeres más vulnerables según la información de ingresos ajustados a necesidades para hogares del Registro Social de Hogares. Otro programa, denominado *Programa 4 a 7,* aborda las carencias de atención de niños en edad escolar cuyos padres tienen un horario de trabajo superior al escolar. Un programa similar se dirige a las madres de niños de 6 a 13 años que pertenecen a los tres quintiles de ingresos más bajos. Ambos programas tienen una cobertura relativamente restringida en la actualidad, limitada a una pequeña cantidad de municipios (Chile Atiende, n.d.[3]).

Las familias que no están cubiertas por los servicios anteriores pueden optar por el cuidado diario privado (formal o informal) o por el cuidado proporcionado por otro miembro de la familia. Las opciones de cuidado informal son frecuentes en las zonas rurales en donde muchas mujeres empleadas -en cooperativas agrícolas, por ejemplo- siguen confiando sus hijos a familiares, aunque tengan derecho a recibir un bono para el cuidado de los niños. Lo mismo ocurre con las mujeres solteras que viven en el seno de una familia extensa.

El apoyo para el cuidado de personas mayores y discapacitadas se limita predominantemente al 60% de los hogares más vulnerables. La misión de *Chile Cuida*, subsistema del Sistema Intersectorial de Protección Social, es acompañar y apoyar a las personas en situación de dependencia, así como a sus cuidadores, y promover redes a través de diferentes servicios. Veinte municipios participan en el sistema, que ofrece, entre otros servicios, asistencia técnica y formación (Ministerio de Desarrollo Social y Família, n.d.[4]). Un proyecto de ley, actualmente en fase de aprobación, prevé la creación de un sistema de seguro de discapacidad basado en cotizaciones salariales del 0,2%.

La ampliación de las oportunidades de acceso a cuidados podría beneficiar tanto a los cuidadores como a las personas atendidas. Los beneficios educacionales y sociales a largo plazo de la educación y los cuidados en la primera infancia pueden ser especialmente importantes entre niños de familias desfavorecidas -a menudo de minorías culturales y lingüísticas, por ejemplo-, sobre todo al apoyar los preparativos para una educación formal en la escuela primaria y prevenir problemas psicosociales (Nores and Barnett, 2010[5]; Heckman et al., 2010[6]). En Chile, las niñas y, sobre todo, los niños que asistieron a programas formales de educación y atención para la primera infancia muestran tendencias a obtener buenos resultados en las pruebas estandarizadas una vez que asisten a la escuela primaria (Cortázar, 2015[7]). Por el contrario, los cuidadores e instituciones que atienden a ciudadanos discapacitados, ancianos o a sus familiares podrían no estar preparados y sobrecargados, poniendo en riesgo la salud mental y física de ancianos y discapacitados. En casos extremos, la sobrecarga resultante podría contribuir a que se presenten casos de violencia reiterada contra personas de la tercera edad, incluyendo familiares. Una encuesta realizada en 2012/2013 a ancianos de Veracruz y Santiago reveló que más de la mitad de los ancianos dependientes habían sufrido violencia psicológica y uno de cada siete había sufrido alguna forma de negligencia (SENAMA, 2013[8]).

Reflexión sobre políticas

Ampliar la educación formal de la primera infancia y atención extraescolar. La creación de un sistema más universalizado de atención para la primera infancia, financiado mediante una contribución general de los empleadores, sería un paso en la dirección correcta. Según el proyecto de ley actual, los empleadores de cualquier tamaño contribuirían con el 0,1% de los salarios de sus empleados a un fondo central. Las madres y los padres solteros que trabajen más de 15 horas semanales por cuenta ajena o por cuenta propia afiliados al sistema de protección social tendrían acceso a las prestaciones. Tras solicitarlo, podrían elegir entre enviar a sus hijos a un proveedor público o privado, este último pendiente de una acreditación por parte del Ministerio de Educación. El fondo cubriría costos de hasta 245.000 CLP (unos 315 USD) al mes. Si el costo de la guardería privada supera dicha cantidad, los padres se harían cargo del saldo del costo (Yévenes, 2018[9]).

Aunque la eliminación del umbral de tamaño reduciría las trabas para contratar mujeres y podría conducir a una reducción de la penalización salarial que sufren las mujeres que trabajan para empleadores de mayor tamaño (IDB, 2015[10]) el actual proyecto de reforma también suscitó una serie de críticas. Algunos detractores señalan que el nuevo régimen no sería universal, ya que excluiría a varios grupos, como, por ejemplo, estudiantes y trabajadores a media jornada y del sector público (aunque, en principio, estos últimos deberían tener acceso a guarderías proporcionadas por el empleador, no siempre es así). En parte relacionado con lo anterior, otros observadores critican la definición de ayuda para el cuidado de niños utilizada, según la cual el derecho a la prestación depende del pago de una contribución, en lugar de ser un derecho básico al que pueden acceder libremente los más desfavorecidos. Otros señalan que, al supeditar el acceso a la situación laboral, el proyecto de ley consolida aún más la idea de que la obligación de cuidar a los niños es una prerrogativa de los trabajadores, en lugar de ser una obligación social. Por último, algunos lamentan que el bono no cubra la totalidad del costo de las guarderías privadas y que socave las guarderías del sector público.

Un primer paso para abordar las críticas anteriores sería conceder prestaciones a cualquier niño menor de dos años, independientemente de la situación laboral del cuidador principal. Como paso adicional, tras la introducción del derecho a la atención para menores de dos años, el derecho podría extenderse también a niños de más edad hasta que alcancen la edad escolar, aunque para ello sería necesario ampliar considerablemente la infraestructura de las guarderías. Aumentar las plazas disponibles en los programas de guarderías públicas podría ser una forma importante de ampliar la cobertura. La evidencia proveniente de varios países de la OCDE indica que aquellas guarderías financiadas con fondos públicos tienden a tener una calidad más uniforme y a ofrecer mejores condiciones laborales a los cuidadores de niños (Moussié, 2016[11]). El proceso de apertura de nuevas guarderías públicas puede ser gradual, dando tiempo suficiente para formar y contratar personal calificado y ampliar el presupuesto público dedicado a la atención y educación de la primera infancia. Al mismo tiempo, aquellos proveedores privados adheridos a normas de calidad pueden seguir participando. Dado que las tarifas de mercado de las guarderías privadas suelen superar el importe máximo previsto, las familias de rentas bajas y medias deberían tener prioridad para acceder a las guarderías públicas. En zonas donde estén saturadas y en las que es imposible una rápida expansión, el gobierno podría considerar un subsidio adicional para familias de ingresos bajos y medios vinculado a la tarifa de mercado de los proveedores privados.

Las pequeñas empresas que actualmente están por debajo del umbral de 20 trabajadoras podrían resistirse a la introducción de una contribución obligatoria adicional, en particular en un momento en el que están pasando por dificultades debido a la pandemia del COVID19 y sus consecuencias económicas. Una opción para responder a esta preocupación podría ser una introducción progresiva, con plazos más largos para aquellas empresas que puedan demostrar que la crisis del COVID19 afectó fuertemente a sus ingresos. Además, una campaña de información que demuestre los beneficios para las propias empresas podría apoyar la introducción del nuevo régimen. Por ejemplo, los casos de estudio de empresas textiles de Jordania y Vietnam demostraron que la rotación de personal y las bajas por enfermedad se redujeron en un tercio y un 9%, respectivamente, cuando las empresas empezaron a ofrecer servicios de guardería en el trabajo. Un informe reciente de la Corporación Financiera Internacional ofrece más ejemplos del caso empresarial a favor de guarderías subvencionadas por el empleador, mostrando los beneficios que obtuvieron los empleadores al ofrecer el servicio (International Finance Corporation, 2017[12]).

Además de ampliar las opciones de atención a niños en edad preescolar, las familias también necesitan más opciones de atención extraescolar calificada. Para ello sería conveniente una nueva ampliación del Programa 4-7 a todos los municipios y quintiles de ingresos. Esto ampliaría las oportunidades de los padres para trabajar a tiempo completo.

Invertir en cuidados de larga duración. Aliviar la carga que supone el cuidado de familiares de la tercera edad y discapacitados puede contribuir, en gran medida, a apoyar el acceso de las mujeres al mercado laboral. Lo ideal sería ampliar el programa *Chile Cuida*, tanto desde el punto de vista geográfico como grupos de ingresos. Como herramienta en esta dirección, facilitar el acceso a la información sobre los servicios disponibles a nivel local puede ser una forma de orientar a las familias hacia los recursos que podrían ayudarles. Por ejemplo, en La Plata (Argentina), una red de residentes, expertos académicos y proveedores de servicios crearon un sitio web para proporcionar dicha información. Otra herramienta es la formación y el cuidado de relevo, cuyo objetivo es proporcionar un alivio a corto plazo a las familias de cualquier categoría de ingresos. En Belo Horizonte (Brasil), por ejemplo, los trabajadores sociales y sanitarios pasan una semana en una familia para que los cuidadores se recuperen y aprendan a atender mejor a sus familiares (UN Women, 2017[13]). Además de estos esfuerzos de ayuda provisoria, es importante invertir en infraestructuras y seguros de asistencia a largo plazo. Con el envejecimiento de la población, es probable que aumente la necesidad de más apoyo en forma de visitas regulares de cuidadores formados o de atención institucional. En este contexto, la supervisión pública es clave para garantizar el cumplimiento de las normas de atención, así como de las normas laborales, para los cuidadores remunerados, muchos de los cuales son mujeres. Un programa de seguro de cuidados de larga duración, financiado a través de los impuestos o de un seguro social, podría ayudar a pagar los cuidados. Para mantener los costos bajo control, los límites de selección y prestaciones podrían ser inicialmente bastante restrictivos, pagando sólo en aquellos casos en que la familia no pueda financiar el cuidado de miembros de la familia gravemente enfermos o discapacitados (Rhee, Done and Anderson, 2015[14]).

Ampliar permiso parental y opciones de trabajo flexible

Las políticas de permiso parental afectan las decisiones familiares sobre el reparto del trabajo remunerado y no remunerado entre los miembros de una pareja. Cuando no existe un permiso de maternidad, las madres pueden verse obligadas a abandonar la población activa y, posteriormente, les resulta difícil reincorporarse. En los países de la OCDE, la tasa de empleo femenino aumenta ligeramente debido a la extensión del permiso de maternidad legal, pero empieza a descender cuando dicha extensión excede los dos años. Esto pone de manifiesto que, más allá de un determinado límite, los permisos de maternidad excesivamente largos pueden ser contraproducentes, ya que conducen a un aumento de la brecha de empleo de género, en lugar de reducirla (Thévenon and Solaz, 2013[15]). También llama la atención sobre el importante papel equilibrador que pueden desempeñar los padres al tomar el permiso de paternidad y su contribución para contrarrestar el patrón frecuente por el que las parejas vuelven a la división tradicional del trabajo cuando se convierten en padres. Por ejemplo, en Noruega, las parejas cuyo hijo nació cuatro emanas después de la introducción del permiso de paternidad declararon menos conflictos sobre el reparto del trabajo no remunerado y algunas mejoras en el reparto de las tareas domésticas que las parejas cuyo hijo nació justo antes (Kotsadam and Finseraas, 2011[16]). Los datos de Suecia y España también sugieren que las parejas se reparten el trabajo no remunerado de forma más equitativa tras la introducción de políticas de permiso parental más igualitarias. (Hagqvist et al., 2017[17]). Un detallado análisis de Alemania muestra que los padres que tomaron el permiso parental posteriormente disminuyeron su trabajo remunerado y aumentaron las horas dedicadas al cuidado de los hijos. Sin embargo, sólo aquellos padres que se tomaron más de dos meses de licencia aumentaron también su participación en otros tipos de trabajo no remunerado (Bünning, 2015[18]).

La licencia disponible para los padres en Chile supera la media regional. Se trata de un permiso de maternidad remunerado de 18 semanas, que supera el mínimo definido por el Convenio Nº 183 de la OIT de 2000 sobre la protección de la maternidad y cumple con la Recomendación Nº 191 de la OIT (Figura 2.2). Además, como uno de los pocos países de América Latina, Chile ofrece 12 semanas de permiso parental. La mitad de este permiso parental está reservado a las madres, mientras que la otra mitad también puede ser utilizada por los padres. También existe la opción de un permiso parental a tiempo parcial de 18 semanas con el 50% del salario neto.

Figura 2.2. La duración del permiso parental en Chile es generosa en comparación con la región, pero no con la media de la OCDE

Permiso de maternidad en semanas y permiso de paternidad en días, 2018 o último disponible

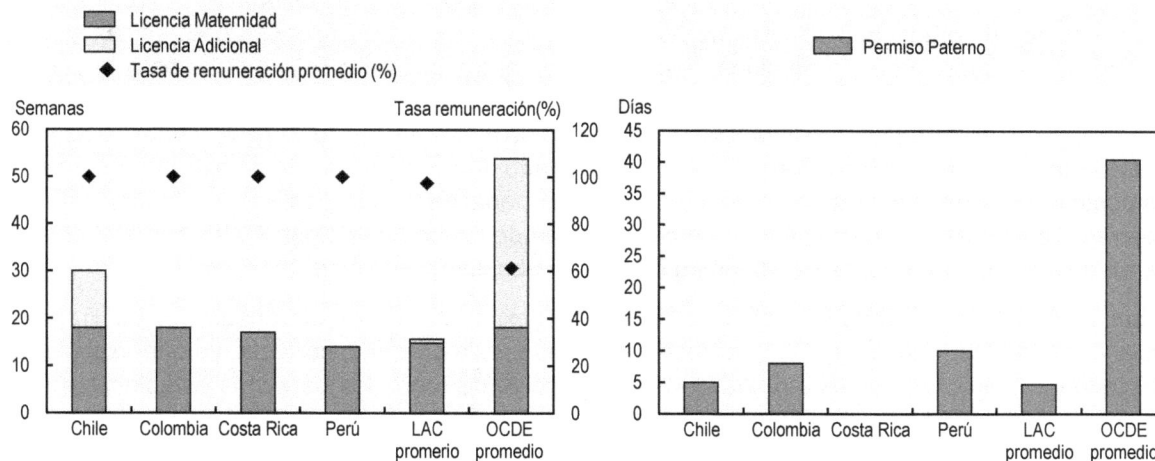

Nota: Los promedios para América Latina y el Caribe (LAC) y de la OCDE no están ponderados. Las 12 semanas de permiso adicional en Chile pueden ser tomadas tanto por las madres como por los padres y pueden extenderse hasta 18 semanas con un 50% en lugar del 100% del salario. Los valores de los países latinoamericanos se refieren en general a los permisos a los que tienen derecho los trabajadores del sector formal. Las semanas de permiso de paternidad se multiplican por cinco para obtener un valor diario, asumiéndose una semana laboral de cinco días. La media de la OCDE se basa en la suma del permiso paterno y del permiso parental reservado a los padres.
Fuente: OCDE (n.d.[19]), "Tabla PF2.1.A. Resumen de los derechos de permiso retribuido disponibles para las madres" y "Tabla PF2.1.B. Resumen de los derechos de permiso retribuido para los padres", Base de datos de la familia de la OCDE, http://www.oecd.org/els/soc/PF2_1_Parental_leave_systems.xlsx y IPC-IG y UNICEF (2020[20]) "Tabla 6: Duración y beneficios de licencias (regímenes generales)", Maternidad y Paternidad en el trabajo en América Latina y el Caribe - Políticas para la licencia de maternidad y paternidad y apoyo a la lactancia materna".

En otros aspectos, sin embargo, el sistema de permisos no es tan flexible como en otros lugares y carece de cobertura. Las seis semanas de permiso de maternidad deben tomarse antes del parto y las madres y padres no pueden tomar el permiso parental simultáneamente. Dado que los costos del permiso de maternidad corren por cuenta del sistema de seguridad social, las trabajadoras informales, no afiliadas al sistema, no pueden beneficiarse. El análisis detallado de la capacidad de cobertura del sistema sugiere que en 2015 solo el 44% de las madres recibieron prestaciones por maternidad (IPC-IG and UNICEF., 2020[20]). Durante la crisis del COVID19, el gobierno y la oposición cooperaron para aprobar una ley que ampliara el permiso parental remunerado a 90 días. Para calificar, el permiso parental normal debía expirar con posterioridad al 18 de marzo. Más aún, los cuidadores principales de niños nacidos después de 2013 pueden solicitar una licencia sin goce de sueldo durante la cual tienen derecho a recibir ayudas familiares de emergencia (24 Horas, 2020[21]).

El permiso paterno para nacimientos en Chile sólo asciende a cinco días laborales, aunque puede ampliarse utilizando parte del permiso parental. Estos cinco días están ligeramente por encima de la media regional, pero muy por debajo de la media de la OCDE (Figura 2.2). Sin embargo, es importante señalar que la media de la OCDE, de unas ocho semanas, refleja, en parte, los derechos extremadamente elevados de un año de permiso de paternidad de Corea y Japón. En ambos países, muy pocos hombres se toman un permiso de paternidad y menos aún durante un año. (Rich, 2019[22]). En Chile, la Comisión de la Mujer y la Equidad de Género lanzó una iniciativa para aumentar el permiso de paternidad a 30 días, 15 de los cuales se tomarían inmediatamente después del nacimiento y 15 en cualquier momento durante los primeros seis meses (Cámara de Diputadas y Diputados, 2019[23]).

Una vez que regresan al trabajo, los padres tienen opciones limitadas para aliviar la escasez de tiempo que supone el trabajo y el cuidado de los hijos simultáneamente. Con 45 horas de trabajo a tiempo completo y 30 horas para trabajo a media jornada, las horas máximas de trabajo están por encima de la semana laboral estándar de 40 horas común en muchos países de la OCDE. Además, muchos trabajadores trabajan más horas. En América Latina, a mediados de la década de 2010, el 21,4% trabajaba más de 48 horas y el 8,1% más de 60 horas (ILO, 2018[24]). En Chile, en 2013, el 17% y el 8% de los empleados masculinos y femeninos, respectivamente, trabajaban más de 48 horas a la semana (Yañez, 2016[25]). La proporción correspondiente aumentó al 29% y al 19% entre los trabajadores independientes. Estas cifras no toman en cuenta el tiempo de desplazamiento y las -al menos- diez horas que un trabajador a tiempo completo suele dedicar al cuidado de sus hijos. No es de extrañar que, dentro de este contexto, muchas familias opten por el modelo tradicional de un solo sostén de la familia: tal como se muestra en el cuadro 1.1 del capítulo 1, en casi la mitad de los hogares biparentales con al menos un hijo menor de 14 años, una de las personas no trabaja en absoluto y suele ser la mujer.

Pocos chilenos se benefician de las opciones de trabajo flexible. La recién estrenada Ley de Trabajo a Distancia y Teletrabajo (marzo de 2020) representa un paso en la dirección correcta, ya que estipula que los trabajadores que opten por esta modalidad se benefician de todos los derechos establecidos en el Código del Trabajo, al tiempo que se reconoce el derecho a desconexión (ILO, 2020[26]). Un proyecto piloto lanzado por el Instituto Nacional de Propiedad Industrial en 2017 investigó la opción de realizar teletrabajo en el sector público (Soto et al., 2018[27]). Además de reconocer la importancia de la calidad de la infraestructura física y tecnológica como condición previa para su éxito, el proyecto piloto identificó los roles cruciales que desempeñan unas estrategias eficaces de comunicación y formación para captar la atención de los funcionarios. En Europa, alrededor de un tercio de los empleados puede decidir cuándo comienzan y terminan de teletrabajar con un margen de autonomía y más del 60% puede tomarse una o dos horas personales o familiares (OECD, 2016[28]). Sin embargo, el teletrabajo no era especialmente común en Europa antes de la crisis del COVID19: sólo uno de cada cinco empleados en 2015 había trabajado telemáticamente al menos una vez en los 12 meses anteriores al brote.

Reflexión sobre políticas

Establecer semanas reservadas para permiso paterno como parte del permiso parental. Aunque en Chile ya existe un permiso parental del que pueden beneficiarse tanto hombres como mujeres, al igual que en otros países, son pocos los padres que lo utilizan. Varios países europeos (entre ellos Islandia y Suecia) han conseguido aumentar su uso, reservando una parte del permiso parental para los padres, lo que significa que el permiso total que puede utilizar una pareja es mayor si ambos lo toman. Otra política es alargar el permiso paterno, que por definición no puede transferirse a la madre (OECD, 2019[29]).

Apoyar políticas para aumentar la cobertura de las prestaciones por maternidad y paternidad intensificando la dinámica de políticas más amplias para reforzar una formalización. Esto es importante para garantizar que el permiso parental sea accesible a todos los trabajadores, incluidos los menos protegidos. En la actualidad, muchos de los nuevos padres en Chile no tienen derecho a un permiso parental remunerado porque trabajan sin un contrato formal y carecen de cobertura de seguridad social. Esta situación pone de manifiesto que la aplicación de los acuerdos de permiso parental difícilmente generaría resultados significativos en términos de cobertura si se implementa independiente de políticas más amplias para reforzar su formalización en Chile.

- Como prioridad clave, sería importante mantener el impulso de los esfuerzos políticos en curso para impulsar el empleo formal. Aunque el análisis de las políticas para lograr este objetivo a largo plazo excede el alcance de este trabajo, los requisitos generales incluyen una progresividad de las cotizaciones de seguridad social, aumento de las inspecciones de trabajo y seguimiento preciso de los resultados (OECD, 2018[30]).

- Como parte de estas políticas contextuales, el gobierno podría considerar la posibilidad de priorizar a aquellos sectores reconocidos por la presencia relativamente generalizada de informalidad y sobrerrepresentación del empleo femenino. Estos incluyen una serie de actividades de servicios, desde el cuidado personal y servicios domésticos, por ejemplo, hasta restaurantes y hoteles. Como ejemplo regional de esta área específica de servicios domésticos, Argentina ha introducido un amplio conjunto de medidas para expandir la cobertura de protección social a las trabajadoras domésticas. Se trata de la introducción de contratos escritos obligatorios, la difusión de folletos que describen los derechos de las trabajadoras domésticas y la posibilidad de que los empleadores deduzcan las cotizaciones de seguridad social pagadas en representación de las trabajadoras domésticas. Estas iniciativas combinadas con campañas de concientización que incluyen cartas dirigidas a hogares de altos ingresos en las que se les recuerda su obligación de declarar cualquier trabajador (Lexartza, Chaves and Cardeco, 2016[31]). Si Chile siguiera una estrategia similar, podría considerar la posibilidad de conceder beneficios tributarios para que aquellas mujeres empleadas de manera informal y que tienen derecho al programa *Chile Crece Contigo* -el cual incluye la promoción de la paternidad activa entre sus misiones- reciban algunos beneficios remunerados limitados para ausentarse de su trabajo. Otra opción potencialmente atractiva, sobre todo para las trabajadoras independientes, podría consistir en la introducción de un subsidio a las cotizaciones que permita ausentarse del trabajo.

Reforzar las opciones de trabajo flexible. Dependiendo del tipo de trabajo, la flexibilidad de los horarios de entrada y el teletrabajo pueden reducir la escasez de tiempo que sufren los padres debido a las largas jornadas de trabajo, desplazamientos y obligaciones familiares. En comparación con muchos otros países de la región, Chile tiene mejores condiciones para el teletrabajo ya que su infraestructura de Internet y sus recientes leyes de teletrabajo tienen características positivas. El gobierno puede fomentar aún más este proceso a través de múltiples medidas. Por ejemplo, puede apoyar financieramente a las empresas que estén dispuestas a invertir en su infraestructura ICT, proporcionar formación en habilidades digitales en zonas rurales y poner en marcha campañas de información que muestren los beneficios del teletrabajo y equipar a las gerencias con las habilidades necesarias para comunicarse eficazmente con aquellos empleados que ven con menos frecuencia (OECD, 2020[32]).

Reducir la transmisión de estereotipos de género a través del sistema educativo

Existe una amplia bibliografía sobre las actitudes relativas a los roles de género, cómo se transmiten a los niños y niñas y el papel que desempeñan los estereotipos cuando se selecciona la educación y el trabajo de las niñas y los niños (OECD, 2012[33]; Karlson and Simonsson, 2011[34]; Wahlstrom, 2003[35]). Como ya se mencionó anteriormente, las chicas pueden evitar itinerarios educativos y ocupaciones que se perciben como tradicionalmente masculinos/as, como los programas de grado STEM (OECD, 2015[36]). Dado que las ocupaciones caracterizadas por una fuerte presencia de trabajadores masculinos suelen ser mejor remuneradas, estas decisiones pueden obstaculizar permanentemente el potencial de ingresos de las mujeres (Kunze, 2018[37]). Al mismo tiempo, los niños educados en roles tradicionales de género pueden alejarse de las profesiones de cuidados (OECD, 2017[38]) y pueden estar menos dispuestos a participar en labores domésticas y cuidado de niños una vez que se transforman en adultos. (Lachance-Grzela and Bouchard, 2010[39]).

Un enfoque educacional libre de estereotipos puede permitir que los niños y niñas adquieran plena conciencia de sus potencialidades, junto con las herramientas para cultivarlas, de modo que puedan perseguir sus intereses y aspiraciones libremente a lo largo de su ciclo vital (UNESCO, 2004[40]). Este enfoque positivo se basa en dos nociones:

- La primera es que el sistema educativo cumple un rol fundamental en la lucha contra la persistencia de estereotipos de género (Bousseau and Tap, 1998[41]; OECD, 2012[33]). Por ejemplo, aunque las niñas han logrado acceso a una escolarización similar a la de los niños en muchos países, los planes de estudio y los materiales escolares no han se han mantenido a la par, lo cual implica que la representación de los roles de género sigue siendo la misma, aplicándose viejos arquetipos. La investigación ha demostrado que en los textos escolares, los hombres suelen aparecer en una gran variedad de roles profesionales (remunerados) y las mujeres en roles domésticos (no remunerados) (EU, 2012[42]). Una estrategia educativa libre de estereotipos puede ayudar significativamente a abordar estas brechas y su transmisión entre generaciones.

- El segundo concepto parte de la base de que el potencial de los profesores para apoyar la autoimagen, la confianza y las trayectorias vitales de los alumnos sigue siendo muy subutilizado en la actualidad. Varios estudios revelan que la actitud de los profesores afecta el interés de los alumnos por asignaturas escolares, influyendo, a su vez, en las orientaciones profesionales (OECD, 2012[33]; OECD, 2015[36]). Si los profesores no confían en las competencias científicas de las niñas y realizan comentarios menos alentadores, por ejemplo, el éxito y el interés de las niñas por estas materias pueden verse reducidos (OXFAM, 2005[43]) (OXFAM, 2007[44]). En Chile, un estudio del Ministerio de la Mujer y del Servicio Nacional de la Mujer (SERNAM) (2009[45]) mostró que los profesores suelen dirigirse a las clases utilizando formas masculinas (como "jóvenes"" y las formas masculinas para todos los niños y alumnos, independientemente del género). Al dar ejemplos, tienden a confinar a los personajes femeninos a las esferas del "mundo privado", es decir, el ámbito doméstico, maternal y de cuidados y a los personajes masculinos los ubican en los ámbitos del "mundo público", donde se desarrollan actividades económicas integrales.

Abordar las prácticas discriminatorias en el sector educacional es un componente clave de las políticas más amplias para fomentar la igualdad de oportunidades para hombres y mujeres que lleva a cabo el Gobierno chileno. Los esfuerzos por revisar el currículo nacional se remontan a principios de siglo. Suponen una iniciativa dirigida a nivelar la visibilidad de ambos géneros en los libros de texto, promover metodologías de trabajo más participativas en las aulas y ampliar el uso de grupos de trabajo mixtos. Más recientemente, el programa gubernamental de 2014 recomendó un enfoque de género en todos los niveles educacionales. Además, la iniciativa *Eduquemos con Igualdad*, lanzada en 2016 por el Ministerio de Educación y Comunidad Mujer -organización de la sociedad civil que promueve los derechos de las mujeres- incluía pautas para abordar los prejuicios y comportamientos de género de los educadores y para reforzar el compromiso de los padres en la creación de una educación con perspectiva de género (MINEDUC, 2018[46]). Otro hito, el plan 2015-18, "Educación para la Igualdad de Género", identificó patrones que reproducen estereotipos y desigualdades de género (UDP, 2018[47]) y presentó propuestas para adaptar la Reforma Educativa Nacional en curso y reflejar una perspectiva de género (MINEDUC, 2015[48]). El plan de estudios preescolar de 2019 resultante aumentó la representación de escritoras o autoras (Ministerio del Interior y de la Seguridad Publica, 2018[49]). Con el apoyo del Servicio Nacional de la Mujer (SERNAM), el Ministerio de Educación (MINEDUC) elaboró un manual de orientaciones para prevenir sesgos de género en libros de texto para ser distribuidos en las editoriales. La creación de sesiones de capacitación facilitó la difusión de pautas.

Las recientes evaluaciones de los avances logrados dieron la oportunidad para realizar un balance de los progresos alcanzados. Éstas revelaron una serie de áreas en las que persisten las dificultades; en particular, todavía existe margen para medidas más concretas en donde se integre una perspectiva de género en el plan de estudios de educación media (UDP, 2018[47]). En 2018, el Ministerio de Educación creó una comisión de expertos con la tarea de identificar sesgos de género en los planes de estudio a todo nivel educacional, desde el nivel preescolar hasta la educación media. Aunque las conclusiones no se han publicado, la comisión realizó varias recomendaciones inmediatas y a largo plazo al gobierno (MINEDUC, 2019[50]). Estas recomendaciones incluyen una expansión de la perspectiva de género a la educación media.

Reflexión sobre políticas

Realizar capacitaciones para ayudar a que los profesores adquieran consciencia sobre la importancia de las actitudes y estereotipos de género en la escuela. Una de las lecciones de la experiencia internacional es que los esfuerzos para crear una cultura que favorezca la igualdad de género deben comenzar desde la educación temprana y con el apoyo voluntario de los profesores (OECD, 2012[33]). La formación específica es importante para ayudar a los profesores a adaptar sus enfoques pedagógicos al grupo etario de los niños (UNESCO, 2017[51]). Por ejemplo, los profesores han tenido un rol fundamental en las iniciativas emprendidas por el gobierno de Flandes (Bélgica) para crear concienciar sobre los roles de género en las escuelas flamencas. Los profesores recibieron capacitaciones para detectar la presencia de actitudes y estereotipos de género en el material curricular y se fomentó plantear soluciones para mejorar la situación. Hay indicios de que los profesores han adquirido consciencia sobre la importancia de evitar el uso de un lenguaje con los niños favorezca el desarrollo de roles de género estereotipados. Las tareas que podrían reforzar el desarrollo de aspectos de identidad (que las niñas desempeñen funciones de organización y apoyo, como tomar notas, planificar eventos, coordinar trabajos en grupo, etc.) han disminuido gradualmente. A estos resultados ha contribuido el cambio de la organización de las aulas y el uso de grupos mixtos para limitar la segregación de niños y niñas (Council of Europe, 2014[52]). Las lecciones de esta experiencia proporcionan un punto de referencia potencialmente útil para evaluar las guías pedagógicas emitidas por el Gobierno chileno y los avances en su aplicación.

Involucrar la participación de las familias en el proceso de creación de una educación sensible al género. Aunque la responsabilidad principal recae en las escuelas a la hora de educar a los futuros ciudadanos, involucrar a los padres es clave a la hora de introducir un nuevo enfoque educacional orientado a reforzar una educación sensible al género. La familia suele actuar como "vocera" de arraigados prejuicios y los padres podrían ver con recelo las nuevas iniciativas de cambio de rumbo. Una característica positiva de la orientación pedagógica implementada por el Gobierno chileno radica en el hecho de que invita a los profesores a asumir un papel más proactivo, explorando opciones de cooperación para involucrar a las Asociaciones de Apoderados. El compromiso previo para concientizar a los padres podría expandirse a los hogares, suavizando la transmisión de los roles de género tradicionales dentro de la familia más amplia. Las guías pedagógicas chilenas incluyen un vídeo que los padres pueden ver antes de las reuniones de discusión como herramienta para preparar sus planteamientos.

Como ejemplo de prácticas internacionales para involucrar a los padres, en 2019 el Ministerio de Educación del Perú lanzó una campaña nacional para informar a los padres sobre la importancia de la incorporación de prácticas sensibles al género en la educación y sus interacciones con el currículo. Se abrieron casi 140 centros de información para explicar a las familias cómo y por qué se implementa el enfoque de género en el currículo educativo (MINEDUC, 2019[53]). En Irlanda, como parte de la estrategia de integración de la perspectiva de género, el Ministerio de Educación y Ciencia elaboró pautas dirigidas a toda la comunidad escolar, incluyendo a los padres. Las pautas para las escuelas primarias y secundarias proporcionan a los padres información sobre las obligaciones de la escuela en relación con la legislación sobre la igualdad, la explicación de la integración de la perspectiva de género y lo que conlleva, y sugerencias para las acciones que los padres pueden llevar a cabo en las escuelas (Council of Europe, 2011[54]; EIGE, 2020[55]).

Mantener el impulso del cambio es esencial, dado que la lucha contra los estereotipos de género a través del sistema educacional es un proceso a largo plazo. Mejorar la igualdad de género en la educación es un proceso a largo plazo que requiere capitalizar los esfuerzos del presente y del pasado para promocionar mejoras. Por ello, el seguimiento continuo de los logros puede ser de gran valor para colocar a Chile en la senda de un progreso sustentable. Como parte de una estrategia definida a largo plazo, Chile podría identificar un conjunto claro de objetivos y estándares intermedios bajo los cuales se pueda organizar un organismo de seguimiento independiente encargado de evaluar avances y difundir historias de logros en las escuelas.

Recuadro 2.1. Resumen de opciones políticas para reducir barreras para compartir el trabajo remunerado y no remunerado de forma equitativa en Chile

Existen una serie de limitaciones institucionales, legales y culturales que impiden reducir las barreras para lograr una distribución más equitativa de las actividades laborales no remuneradas en Chile. La OCDE sugiere:

Crear un sistema de atención más completo

- *Ampliar la educación formal de la primera infancia y atención extraescolar.* El objetivo del actual proyecto de ley es la creación de un sistema de atención a la niñez más universalizado, aboliendo el umbral de tamaño en base al cual los empresarios con más de 20 trabajadoras deben prestar asistencia a niños menores de dos años.

- *Invertir en cuidados de larga duración.* Como objetivo inmediato, esto podría requerir la ampliación del programa *Chile Cuida*, tanto geográficamente como entre grupos de ingresos. Facilitar el acceso a la información sobre los servicios disponibles en el área local puede ser una forma de orientar a las familias hacia los recursos que podrían ayudarles.

Ampliar el permiso parental y las opciones de trabajo flexible

- *Establecer semanas reservadas de permiso de paternidad como parte del permiso parental.* Aunque en Chile ya existe un permiso parental del que pueden hacer uso tanto los hombres como las mujeres, son pocos los padres que lo utilizan. Muchos países europeos han tenido éxito en aumentar su uso reservando una parte del permiso parental para los padres, lo que significa que el permiso total que una pareja puede utilizar es mayor si ambos lo toman.

- Apoyar las políticas de aumento de cobertura de las prestaciones por maternidad y paternidad intensificando el impulso de políticas más amplias para fortalecer una formalización. Actualmente, muchos de los nuevos padres en Chile no tienen derecho a una licencia parental remunerada porque trabajan sin un contrato formal y carecen de cobertura de seguridad social. Esta situación pone de manifiesto que la aplicación de los permisos parentales difícilmente generará resultados importantes en términos de cobertura si se lleva a cabo independiente de unas políticas más amplias para fortalecer la formalización en Chile.

- *Reforzar las opciones de trabajo flexible.* Dependiendo del tipo de trabajo, la flexibilidad de los horarios de entrada y el teletrabajo pueden reducir la falta de tiempo que experimentan los padres, reflejando las largas jornadas de trabajo, desplazamientos y obligaciones familiares. Las recientes leyes de teletrabajo tienen características positivas que el gobierno podría reforzar aún más, por ejemplo, apoyando financieramente a las empresas que estén dispuestas a invertir en su infraestructura de ICT y en la formación de habilidades digitales en zonas rurales.

Reducir la transmisión de estereotipos de género a través del sistema educacional

- *Ofrecer capacitaciones para crear consciencia en los profesores en lo que respecta a actitudes y estereotipos de género en la escuela.* Una de las enseñanzas de la experiencia internacional es que los esfuerzos para crear una cultura favorable a la igualdad de género deben comenzar desde una educación temprana y con el apoyo voluntario de los profesores. La formación específica es importante para ayudar a los profesores a adaptar sus estrategias pedagógicas al grupo etario de los niños.

- *Involucrar a las familias en el proceso de creación de una educación con perspectiva de género.* Un rasgo positivo de la orientación pedagógica aplicada por el Gobierno chileno reside en el hecho de que invita a los profesores a asumir un papel más proactivo, explorando opciones de cooperación y compromiso con las asociaciones de apoderados. El compromiso previo para concientizar a los padres podría extenderse a los hogares, suavizando la transmisión de los roles de género tradicionales dentro de la familia más amplia.
- *Mantener el impulso del cambio identificando objetivos y estándares intermedios claros.* Un organismo de seguimiento independiente podría encargarse de evaluar los avances y difundir los logros en las escuelas.

Hacer que el trabajo remunerado de las mujeres sea más rentable

Garantizar acceso a una educación de calidad pluralista

Tal como se discutió en la sección revisión de evidencia, diferentes factores explican el riesgo particularmente alto que enfrentan las mujeres jóvenes en Chile de ser NEET, casi dos veces más pronunciado que el observado entre los hombres jóvenes (ver Figura 1.12, Capítulo 1). Por ejemplo, las mujeres a menudo no tienen otra opción que abandonar la escuela en caso de un embarazo adolescente o renunciar por completo a participar en el mercado laboral después de dar a luz en la edad adulta.

El Ministerio de Educación de Chile cuenta con una serie de políticas para enfrentar la deserción escolar, incluso por maternidad prematura. Los colegios públicos y privados que no cumplen con el derecho reconocido por ley para alumnas embarazadas y madres a permanecer en la escuela (reconocido desde 2009) están sujetos a una multa (MINEDUC, 2018[56]). El protocolo del Ministerio de Educación para la permanencia de los estudiantes en el sistema escolar exime a las estudiantes embarazadas, así como a las madres y padres adolescentes, del requisito estándar de 85% de asistencia mínima. También establece directrices para facilitar el establecimiento de redes de apoyo con la participación de los padres y apoderados. Además, obliga a la escuela a respetar el horario de lactancia de las madres (MINEDUC, 2019[57]). El Ministerio de Educación supervisa los resultados de estas políticas mediante un indicador de retención escolar (MINEDUC, 2016[58]) que permite seguir la capacidad de las escuelas para identificar y apoyar a los estudiantes que corren el riesgo de abandonar prematuramente la escuela. La evidencia de un aumento de la cantidad de deserciones de estudiantes durante la pandemia del COVID19 ha acelerado la introducción de un nuevo plan piloto para proporcionar apoyo especial a los estudiantes con un riesgo particular de abandono del sistema escolar, facilitándose becas, asegurándose el apoyo pedagógico y psicológico y comunicándose los beneficios de completar los estudios. Dentro de este marco, en nueve regiones del país equipos interdisciplinarios de pedagogos sociales y psicológicos trabajan con jóvenes especialmente expuestos a riesgos socioeducativos. Un programa conjunto del Ministerio de Desarrollo Social y el Ministerio de Educación que se hace mediante la agencia gubernamental Junaeb (Junta Nacional de Auxilio Escolar y Becas) tiene objetivos similares.

Los programas educacionales preventivos tienen un papel fundamental para reducir la exposición de las adolescentes en riesgo de quedar embarazadas. Una característica positiva de los programas implementados por Chile es que se dirigen tanto a las niños como a las niñas. Además, la prestación de los servicios se extiende más allá de las instalaciones de las escuelas como forma de ampliación de su cobertura. Un ejemplo es el programa Espacios Amigables coordinado por el Ministerio de Salud con el apoyo de la red de Centros de Salud Familiar locales (CESFAM). El programa consiste en la prestación de diversos servicios asistenciales a adolescentes de 10 a 19 años, que van desde la atención de salud, la nutrición segura y la educación sexual, dirigidos especialmente a jóvenes que tienen menos posibilidades de acudir a otros establecimientos de salud debido a diversas barreras (horarios, largos tiempos de espera, confidencialidad, etc.). En un espacio de atención amigable, ambientado con gusto juvenil, los adolescentes pueden reunirse con personal capacitado privadamente. Un enfoque amistoso en un espacio adaptado es importante para que las niñas y niños sientan que pueden plantear preguntas, aclarar dudas y abordar inquietudes con seguridad y comodidad. Además, en las escuelas y espacios comunitarios se imparte talleres de salud sexual reproductiva y salud mental en horarios convenientes que no se cruzan con el horario escolar. Por otra parte, el *Programa de Salud Integral de Adolescentes y Jóvenes* es un programa integral que tiene como objetivo mejorar el acceso y la oferta de servicios de salud a adolescentes y jóvenes hasta los 24 años. Tiene un enfoque sensible al género, dentro de un ámbito de prevención, tratamiento y rehabilitación, con la participación de las familias y la comunidad.

Reflexión sobre políticas

Proporcionar apoyo adicional a las niñas y madres adolescentes vulnerables. Chile ha avanzado para que las madres adolescentes sigan estudiando y aumentar el impacto de las políticas de reducción de embarazos de menores/jóvenes. Iniciativas como el programa *Espacios Amigables* y el *Plan de Salud Integral de Adolescentes* han ayudado en este sentido al integrar más estrechamente las políticas de prevención y educación. Esto es esencial para combatir los embarazos de adolescentes y limitar, a su vez, la deserción escolar.

En perspectiva, podría darse un margen para proporcionar una ayuda financiera adicional a las madres y a sus hijos pequeños para garantizar que adquieran una educación básica y competencias que puedan utilizar en el trabajo. Por ejemplo, un programa en Uruguay tiene por objetivo promover proyectos educacionales para madres menores de 23 años, proporcionando apoyo financiero para el cuidado de sus hijos mientras reciben educación y formación. En Australia, el gobierno ofrece diversos programas de transferencia para padres adolescentes, como el subsidio JET Child Care Fee Assistance, por ejemplo, el cual permite a las madres pagar un parvulario durante la finalización de sus estudios y transición al trabajo. El monto, el cual se paga directamente a los parvularios, es proporcional a los ingresos del hogar, la edad del niño y las horas de actividades reconocidas por la madre y su pareja.

Los resultados de un análisis reciente para Colombia realizado por Cortés, Gallego y Maldonado (2016) ofrecen algunas pautas útiles para el diseño de los programas, ya que sugieren que, para que los programas de transferencias monetarias condicionadas apoyen la reducción de las tasas de fecundidad entre los adolescentes, deben estar lo "suficientemente condicionados". Esto requiere el uso de criterios predefinidos bien establecidos y ejecutables para hacer un seguimiento del éxito y la asistencia a la escuela. En Chile, el protocolo para la retención de estudiantes en el sistema escolar exime, por ley, a las estudiantes embarazadas, así como a madres y padres adolescentes, del requisito estándar del 85% de asistencia mínima. No obstante, las conclusiones de este estudio sugieren que el cumplimiento de algún tipo de condicionalidad sería aconsejable para postular a las transferencias. Por ejemplo, el gobierno podría exigir que los estudiantes completen el curso escolar y se matriculen en el siguiente para seguir beneficiándose de la ayuda y/o que no se pueda recuperar la subvención tras una interrupción prolongada del programa.

Garantizar la educación e información sexual integral en la escuela. Si bien el derecho a la información y educación sexual en los colegios de Chile está garantizado por ley desde 2010 (Ley 20.480), la implementación real queda a criterio de cada institución, lo que puede variar según las convicciones y creencias locales. Además, no existe una exigencia curricular mínima y, cuando se imparte, la educación sexual suele centrarse en las diferencias biológicas, sin información reproductiva preventiva. Dado que muchos padres no se comunican con sus hijos sobre este tema, la mayoría de los adolescentes se informan por Internet, lo que a menudo conduce a una información errónea y a puntos de vista distorsionados, que podrían afectar al desarrollo emocional (Obrach King, Alexandra et al., 2017[59]). Una mejor manera de apoyar la información sexual de los estudiantes es garantizar un plan de estudios mínimo sobre educación sexual y preventiva en cada escuela y supervisar su aplicación (UNESCO, 2018[60]). Además, un asesor especial en materia de salud y educación sexual en las escuelas podría entregar a los alumnos información adecuada. Es preferible que el asesor sea una persona joven formada académicamente, con el que los alumnos puedan identificarse más fácilmente, en lugar de un profesor formal con el que probablemente se sientan incómodos.

Recompensar y comunicar los beneficios de completar los estudios. La gratuidad de la educación es una condición necesaria para disminuir el costo de enviar a los niños a la escuela, especialmente para las familias pobres. Sin embargo, puede que el acceso a una educación gratuita no sea suficiente, ya que la percepción subjetiva de los beneficios de la escolarización varía entre hogares. Para factorizar esto, las transferencias monetarias condicionadas (TMC) podrían proporcionar beneficios de transferencias regulares a padres de origen pobre que decidan mantener a sus hijos en la escuela. El metaanálisis de 94 estudios de 47 programas de TCE muestra que la deserción escolar tiende a disminuir cuando las prestaciones están supeditadas a la matrícula y asistencia a la escuela. La obtención de las prestaciones suele ir asociada a una obligación de asistencia del 80-90%. Las prestaciones también reducen la exposición de los niños al trabajo infantil.

Muchas niñas y mujeres carecen de motivación para completar su currículo educacional porque no cuentan con el apoyo necesario para desarrollar un proyecto profesional claro. Esta consideración se aplica aún más a niñas que cursan la enseñanza media que están conscientes de que sus niveles de rendimiento en el puntaje de la prueba nacional probablemente no serán lo suficientemente altos como para poder matricularse en la enseñanza terciaria pública. La mentoría escolar, asesoramiento a estudiantes y becas específicas son clave para ayudar a niñas y jóvenes a permanecer y continuar en la educación. Un ejemplo de buena práctica es el Programa de Mentorías de la Red de Niñas introducido por el Reino Unido. El objetivo de esta iniciativa es poner en contacto a adolescente de entre 14 y 19 años y procedentes de escuelas de escasos recursos con mujeres de diversos negocios establecidos. Esta mentoría les permite a las adolescentes obtener información y crear redes a las que, de otro modo, les sería imposible acceder confiando exclusivamente en su propia escuela y círculo de familiares y amigos. Más de 500 mentores dan consejos prácticos y ayudan a las adolescentes a orientarse sobre sus carreras y postulaciones universitarias. Las mentoras reciben un programa especial de capacitación y, una vez que las adolescentes completan la mentoría de un año, se gradúan para convertirse en embajadoras vitalicias del programa.

Promover a las mujeres en carreras no tradicionales y puestos de liderazgo

Es difícil evaluar con precisión en qué medida la elección de una mujer presidenta durante dos mandatos presidenciales -la presidenta Michelle Bachelet, en 2006-10 y posteriormente en 2014-18- contribuyó a cambiar el modelo de una política dominada por hombres en Chile. Sin embargo, es cierto que un liderazgo femenino ha representado un símbolo de cambio cultural, que ha alimentado un nuevo impulso para una mayor igualdad y participación en todos los ámbitos de la vida pública (Albornoz Pollmann, 2017[61]). En 2017 entró en vigor una ley de cuotas, como parte de una reforma electoral más amplia, en la que los partidos políticos están obligados a presentar por lo menos un 40% de candidatas femeninas.

Es importante destacar que los resultados del referéndum constitucional de octubre de 2020 hacen que Chile se convierta en el primer país del mundo en tener un número similar de participantes femeninos y masculinos en su Convención Constitucional (Senado, 2019[62]; GOB, 2020[63]). La experiencia internacional muestra que, aunque la participación de las mujeres en reformas constitucionales similares ha aumentado con el tiempo, todavía está lejos de la paridad con respecto a los hombres. Por ejemplo, en aquellos 75 países que iniciaron reformas constitucionales entre 1990 y 2015 (incluyendo transiciones de autoritarismo a la democracia), sólo el 19% de los miembros de los órganos constitucionales eran mujeres (IPI, 2015[64]). El nivel de participación e inclusión en un proceso de elaboración de una constitución puede afectar a la legitimidad y, potencialmente, el grado en que las mujeres podrán representar sus intereses específicos en el futuro (Philipps, 1998[65]; IDEA, 2019[66]; Hart, 2003[67]).

Las pautas anteriores se han extendido a políticas que influyen en el acceso de las mujeres a puestos de dirección y gestión en el sector empresarial y podrían marcar la pauta para más mejoras a futuro. Tras la introducción del objetivo del 40% de mujeres en los consejos de administración de las empresas estatales

-fijado por primera vez durante las dos presidencias de la presidenta Bachelet y reforzado durante las dos presidencias del presidente Piñera- el porcentaje real alcanzó el 42,1% en 2018 (Comunidad Mujer, 2018[68]). Sin embargo, a pesar de que este logro debería haber animado a las empresas privadas a imitar la experiencia de las empresas estatales, la evidencia dice que el historial de logros es todavía modesto en todo el sector privado. En el caso de las 40 mayores empresas calificadas en el mercado de valores, la proporción de mujeres en los consejos de administración fue de un escaso 6,2% en 2018 (Comunidad Mujer, 2018[68]). Un reciente requisito de la Superintendencia de Valores y Seguros (SVS) busca generar más información sobre los avances del sector privado hacia los estándares del sector público. En particular, la "norma 385" dispone sobre la adopción de políticas de responsabilidad social y desarrollo sostenible, refiriéndose en particular a la diversidad en la composición del directorio y en la designación de los principales ejecutivos de la empresa (Sistema de Empresas, 2016[69]).

Existen indicios que sugieren que el diálogo político puede fomentar la participación de las mujeres en todos los niveles de gobernanza del sector privado. Una mirada a los sectores de transporte y minería, que además de ser económicamente importantes en Chile tienen una fuerte tradición de predominio masculino, parece corroborar esta opinión. Los resultados de las políticas de igualdad de género han sido relativamente importantes en el transporte, lo que probablemente refleja el hecho de que el Ministerio de Transportes y Telecomunicaciones y las asociaciones del sector decidieron aplicar una ambiciosa estrategia de igualdad de género tras un enfoque de aplicación concertado. En cambio, la participación de las mujeres en la gobernanza sigue siendo relativamente baja en las empresas mineras, lo que posiblemente refleja un enfoque menos centrado en el diálogo, a pesar de que la derogación de la ley que prohibía a las mujeres trabajar en el sector se remonta a 1996.

En Chile, muchas mujeres que optan por carreras científicas luchan por combinar el cumplimiento de un largo y exigente currículo académico con las responsabilidades familiares. Las estudiantes de doctorados y postdoctorados, por ejemplo, carecen, en general, del derecho a prestaciones por maternidad y a atención pre y postnatal. Además, la concentración de las actividades de investigación en unos pocos centros urbanos y los criterios de "excelencia" para las becas implican que es difícil para los estudiantes más desfavorecidos acceder a programas universitarios de prestigio. Aunque estas dificultades son comunes para ambos sexos, en el caso de las niñas parecen agravarse por las mayores obligaciones de cuidado y el impacto de los estereotipos.

El Gobierno de Chile, las universidades y las instituciones de investigación han introducido una serie de iniciativas para aumentar el atractivo de las carreras STEM para las mujeres. En 2019 se lanzó la campaña *Más Mujeres en Ciencias*, organizada conjuntamente por el Ministerio de la Mujer y la Equidad de Género y el Ministerio de Ciencias, Tecnología, Conocimiento e Innovación. El propósito de esta iniciativa es incentivar la presencia femenina en carreras profesionales históricamente masculinas. La Política Institucional de Género, emitida por la Comisión Nacional de Investigación Científica y Tecnológica (CONICYT) y que abarca el período de ocho años entre 2017 y 2025, tiene como objetivo ampliar los derechos de licencia de maternidad para investigadoras junior y mejorar la representación de mujeres científicas en puestos de toma de decisiones, por ejemplo, como cabeceras de grupos de investigación (CONICYT, 2017[70]). Desde 2020, el Ministerio de Ciencia incluye un Concejo especial para la Equidad de Género, designado para desarrollar planes de acción para la igualdad de género en STEM. En 2013, la Facultad de Ciencias Físicas y Matemáticas de la Universidad de Chile creó un programa de admisión de igualdad de género, el cual ha permitido aumentar la proporción de mujeres admitidas en su programa competitivo de ingeniería y ciencias de 19% a 32%.

Reflexión sobre políticas

Reforzar la representación de las mujeres a nivel ejecutivo de las empresas del sector privado. El sistema de cuotas y objetivos de género ha dado resultados positivos en el Congreso de Chile y en las empresas estatales. Sin embargo, la aplicación de cuotas similares o de objetivos voluntarios en los consejos de administración y en los puestos de alta dirección sigue siendo difícil entre las empresas del sector privado (OECD, 2019[71]). La práctica internacional muestra que una forma de apoyar y acelerar la inclusión de las mujeres en puestos de dirección y de eliminar las diferencias salariales es exigir a las empresas que divulguen estadísticas sobre la composición de género en los diferentes niveles de dirección. Además de fomentar la difusión de buenas prácticas, la divulgación puede tener efectos de "nombramiento y vergüenza", al permitir señalar a las empresas que no cumplen. En Alemania, la Ley de 2015 para una participación equitativa de mujeres y hombres en puestos ejecutivos de los sectores público y privado fijó una cuota de diversidad de género del 30% para los consejos de administración y exigió a las empresas cotizadas y paritarias (en las que los trabajadores pueden votar sus representantes en el consejo) que establecieran objetivos de igualdad de género en los dos niveles superiores de dirección. Las empresas estatales israelíes tienen un objetivo legal de representación debida para ambos sexos en sus consejos de administración - generalmente el 50%, a menos que haya una razón justificable que impida alcanzar dicha representación. Hasta que se alcance el objetivo, se da prioridad a los directores del género menos representado, con la posibilidad de multar a las empresas que no cumplan.

Establecer mecanismos de monitoreo y evaluación. Los objetivos específicos y cuantificables son clave para evaluar si se cumplen las metas de representación femenina en las distintas profesiones y a nivel de liderazgo. Por ejemplo, un sólido mecanismo de control interno podría respaldar el objetivo de un mismo salario por un trabajo equivalente. En Australia, la Ley de Igualdad de Género en el Lugar de Trabajo exige a los empleadores del sector no público con 100 o más empleados que divulguen sus "Indicadores de Igualdad de Género" en los informes anuales presentados ante la Agencia de Igualdad de Género en el Lugar de Trabajo.

Aumentar el interés de las niñas por la ciencia, la tecnología y las matemáticas. Las estudiantes deben conocer las STEM antes de pasar a la educación postsecundaria para poder tomar decisiones informadas sobre sus futuras carreras. Los programas de mentoría pueden ayudarles a identificar modelos positivos, incluso inspirándose en puestos de alto nivel en empresas públicas y privadas. Al dar forma a los objetivos profesionales de las niñas y mejorar la percepción de que esos objetivos están a su alcance, el impacto de ejemplos positivos puede ser significativo. Además, los programas de mentoría aumentan la autoconfianza, impulsan las habilidades de comunicación y mejoran las cualidades de liderazgo de forma más duradera, lo que beneficiará a las niñas durante sus carreras. En 2017, la OCDE y el Gobierno de México crearon la iniciativa "NiñaSTEMPueden" para promocionar conferencias, talleres y programas de mentoría para mejorar el atractivo de los planes de estudio STEM para las niñas mexicanas (OECD, 2020[72]).

Además de las mentorías, los libros de texto escolares podrían difundir ejemplos de científicos y científicas, mientras que la introducción de experiencias científicas experimentales e interactivas en las escuelas también podría ayudar a aumentar el interés de las niñas en STEM. Por ejemplo, la Universidad de Costa Rica organizó varios talleres de ciencia para niñas de 7-13 años en 2019. Las campañas de concientización pública pueden apoyar la lucha general contra los estereotipos de género tradicionales demostrando que destacarse en las áreas STEM es compatible con la vida familiar. Estas campañas deben comenzar en la etapa más temprana de la educación, incluso con el apoyo de las plataformas de los medios sociales. Los programas y series de televisión que promueven modelos femeninos en STEM podrían ser una fuente de inspiración para las jóvenes.

Reconocer y reforzar la aplicación de permisos legales de maternidad y paternidad en el sector académico y apoyar el acceso a los servicios de atención. La ampliación de estos derechos, como propone la hoja de ruta para fomentar la representación de las mujeres en la ciencia establecida por el Ministerio de Ciencia, puede potenciar el atractivo de las carreras académicas para las licenciadas en ciencias. Aquellas madres que se reincorporan al trabajo después de su permiso de maternidad deberían tener la opción de aumentar sus horas de trabajo gradualmente.

Apoyar el espíritu emprendedor femenino

Tal como se comenta en la sección de revisión de evidencia, las mujeres en Chile tienen menos probabilidades de ser emprendedoras que los hombres. Mientras que la proporción de hombres y mujeres que son trabajadores independientes es prácticamente la misma, la proporción de aquellos que son empleadores es aproximadamente el doble entre hombres en comparación con las mujeres. Más aún, es mucho menos probable que las mujeres emprendedoras sean propietarias o dirijan empresas medianas y grandes. Además, los análisis recientes de los características para crear una empresa sugieren que las mujeres con mayor probabilidad que los hombres se conviertan en empresarias porque no pueden encontrar buenas opciones de empleo. En cambio, es más probable que los hombres lo hagan porque han identificado una buena oportunidad de negocio.

Las mujeres se enfrentan a mayores barreras para realizar emprendimientos que los hombres en Chile. Tal como se analiza arriba, surge una barrera importante como efecto secundario de una ley de matrimonio demasiado restrictiva, lo cual implica que es difícil para las mujeres casadas iniciar o cerrar un negocio sin el consentimiento de sus maridos (OECD, 2020[73]). Sin dicho consentimiento, la mujer no puede acceder a garantías colaterales, lo cual socava su solvencia. En consecuencia, una mujer emprendedora se enfrenta a un mayor riesgo de estar sujeta a un castigo en el tipo de interés al iniciar un nuevo negocio.

Es lamentable que el derecho matrimonial se interponga en el acceso de las mujeres al financiamiento, porque significa que las mujeres tienen más dificultades para acceder a los programas de apoyo existentes (OEAP, 2018[74]) según la breve reseña que se hace a continuación:

- Lanzado en noviembre de 2019, el *Fondo Levántate Mujer* de la Fundación Promoción y Desarrollo de la Mujer (PRODEMU) apoya el emprendimiento de más de 600 mujeres a través de la entrega de 250.000 pesos chilenos (aproximadamente 290 euros) como "capital semilla" para iniciar nuevos negocios.
- El programa *Mujer Emprende* del Ministerio de la Mujer, puesto en marcha en 2015, está orientado hacia aquellas emprendedoras cuyos negocios tienen al menos un año de existencia. A través de la *Escuela Mujer Emprende,* el programa busca fortalecer las habilidades empresariales de estas emprendedoras. Existen tres niveles de formación en base al grado de desarrollo del negocio. También busca fortalecer las redes de emprendedoras. Hasta la fecha unas 1.000 mujeres han participado en el programa.
- El programa *Yo Emprendo Semilla* (antes *Programa de Apoyo al Microemprendimiento*), a cargo del Ministerio de Desarrollo Social, está abierto a personas de hogares vulnerables que tengan un proyecto de negocio potencialmente prometedor. El programa proporciona alrededor de 600 dólares de capital inicial, 60 horas de capacitación y visitas de seguimiento de mentores. Una evaluación del programa reveló que la participación impulsó el empleo, las prácticas empresariales y los ingresos laborales a corto y largo plazo. En comparación con el grupo de control, el cual incluía a personas que no recibían la subvención, la probabilidad de seguir trabajando por cuenta propia 45 meses después era mayor entre los que recibían una subvención mayor, aunque las personas que podían optar a una subvención menor tenían más probabilidades de tener un empleo asalariado (Martínez A., Puentes and Ruiz-Tagle, 2018[75]).
- El Ministerio de Economía ofrece un servicio de cooperación técnica para pequeñas empresas (SERCOTEC) y grandes empresas (CORFO). Por ejemplo, proporciona capacitación, subvenciones y asesoramiento para acceder a mercados extranjeros. Los programas SERCOTEC y CORFO están abiertos a hombres y mujeres por igual, pero las subvenciones de CORFO son un 10% más altas para las mujeres.

Además del impacto de la ley del matrimonio, las barreras al emprendimiento incluyen menos oportunidades de formación y acceso a recursos financieros. Las redes empresariales suelen ser más pequeñas y menos eficaces para muchas mujeres, en particular aquellas de hogares de bajos ingresos. La falta de oportunidades de formación, las dificultades para participar en eventos de creación de redes y para acceder a fuentes de financiamiento, se suman al impacto de la sobrecarga de las responsabilidades domésticas, las dificultades para viajar y la falta de información sobre las opciones disponibles. Este contexto propicia el miedo al fracaso y la falta de confianza en las competencias empresariales (OECD/EU, 2017[76]).

Reflexión sobre políticas

Las políticas de promoción de una educación no sexista y la creación de conciencia sobre los modelos de conducta pueden desempeñar un papel importante para cambiar la percepción de la sociedad de las capacidades de las mujeres como emprendedoras. Además de estos prerrequisitos, existe margen para fortalecer aún más el espíritu emprendedor de las mujeres en Chile abordando la ley del matrimonio, incentivando a las mujeres a buscar más financiamiento externo y reforzando los programas de capacitación, incluyendo los componentes de mentoría y desarrollo empresarial de dichos programas.

Acelerar la reforma de la ley de matrimonio mediante la renovación de la propuesta de reforma que se debate en el Congreso desde hace ocho años. Como requisito mínimo, esto implicaría la derogación de la norma por defecto, la cual concibe que el marido administre los bienes del matrimonio. La prioridad otorgada a la opción más restrictiva y desfavorable para las mujeres hace que éstas tengan que pagar un tipo de interés más alto al solicitar un crédito para iniciar un nuevo negocio.

Fomentar las solicitudes de financiamiento. Es menos probable que las mujeres emprendedores busquen financiamiento para desarrollar sus negocios. Una encuesta entre emprendedores de los países de la Alianza del Pacífico descubrió que los emprendedores masculinos son más propensos a utilizar cada uno de los métodos de financiamiento mencionados por el cuestionario, incluyendo ahorros personales como fuente principal, seguidos por los amigos y la familia, el sistema financiero, fondos públicos, ángeles inversores, fondos de inversión y *crowdfunding*. Quizás relacionado con el impacto de la. ley de matrimonio, entre los microempresarios chilenos las mujeres parecen menos propensas que los hombres a solicitar un crédito (Arellano and Peralta, 2016[77]). Sin embargo, aquellas que lo solicitan aparentemente son de la opinión que las subvenciones públicas y acceso al financiamiento privado son suficientes (OEAP, 2018[78]). No está claro si ocurre lo mismo con los empresarios que dirigen pequeñas y medianas empresas.

El gobierno debería tratar de mantener su buen historial de aprobación de financiamientos a empresarios y empresarias por igual. También podría considerar la posibilidad de emprender un estudio en profundidad sobre la probabilidad de que los hombres y las mujeres emprendedores/as obtengan un financiamiento diseñado para sus necesidades, tomando en cuenta sus diferentes características personales y empresariales. Por último, los cursos de capacitación para emprendedoras podrían hacer más hincapié de cuándo tiene sentido solicitar un crédito u otro tipo de financiamiento del sector privado o público y cómo obtenerlo.

Mejorar los programas de formación mediante mentorías a largo plazo e incubadoras de negocios. Un análisis de los programas existentes de apoyo al emprendimiento en países de ingresos bajos y medios confirma que la capacitación puede tener un poderoso rol para fortalecer las competencias empresariales de las personas, con efectos positivos en la creación de empleo. Sin embargo, para que tengan éxito deben cumplir con ciertos requisitos, como estar orientados a emprendedores nuevos, ser intensivos y ofrecerse en combinación con apoyo financiero (Grimm and Paffhausen, 2015[79]). La creación de redes y orientación de mentores -mediante de la creación de asociaciones y foros femeninos, por ejemplo- son importantes catalizadores de información de mercado y pueden facilitar, en gran medida, el intercambio de conocimientos entre pares.

Estas condiciones previas ya se aplican a varios programas chilenos. La experiencia de los países europeos sugiere que una mentoría entre empresarios experimentados y nuevos puede mejorar las competencias empresariales también, si el mentor y el alumno coinciden. Por lo tanto, vale la pena utilizar las entrevistas para determinar qué mentor debe corresponder a cada alumno. Además, las aceleradoras o incubadoras de empresas también pueden ofrecer oportunidades de formación adicional y creación de redes en combinación con un asesoramiento empresarial, financiero y jurídico (OECD/EU, 2017[76]). Dichas aceleradoras pueden ser operadas por el sector público, por el sector privado o por el sector sin fines de lucro, con potencial financiamiento público. (OECD/EU, 2019[80]).

Es esencial reforzar las estrategias de género para llegar a las mujeres de bajos ingresos. El trabajo de la OCDE demuestra que la adopción de estrategias de género en el diseño de programas de capacitación es clave para ampliar el acceso, expandiéndose así el grupo de mujeres potencialmente interesadas. En particular, para llegar a mujeres de hogares de bajos ingresos es necesario diseñar programas que presten atención a ciertas necesidades cotidianas, como los horarios de las mujeres, por ejemplo, y necesidades de asistencia en el hogar. Esto es importante para garantizar una continuidad de las obligaciones de cuidado, de los niños y de los ancianos durante el tiempo que se dedica a la formación (OECD, 2019[81]).

Lucha contra la violencia de género

La creciente intolerancia a la violencia contra las mujeres durante los últimos años ha llevado a la lucha contra la violencia de género al primer plano de la demanda de mayor justicia social en Chile. Esta evolución forma parte de un patrón común a otros países latinoamericanos. Un ejemplo destacado es la acción llevada a cabo por el colectivo #*Niunamenos,* el cual lanzó una campaña de sensibilización centrada en la violencia contra las mujeres y las víctimas de femicidio tras el asesinato de una joven argentina. Tras esta campaña aumentaron las movilizaciones en toda la región, la cual tiene la mayor tasa de femicidios del mundo. Las autoridades chilenas, impulsadas por los acontecimientos internos y estimuladas por los movimientos regionales, han tomado iniciativas para reforzar las leyes contra el acoso sexual y la violencia de género (Red Chilena Contra las Violencias Hacia las Mujeres, 2020[82]). La Ley 20.066, aprobada en 2010, definió por primera vez el femicidio. Es la continuación de la Ley de Violencia Doméstica de 1994, la cual no reconocía que este delito tiene un fuerte componente de género, a pesar de que más del 80% de las agredidas son mujeres y más del 80% de los agresores son hombres. En 2020, la Ley Gabriela (Ley 21.212) amplió la definición de femicidio para incluir a agresores más allá de la pareja actual o anterior. Además, el Ministerio de la Mujer y la Equidad de Género impulsó el lanzamiento de varias campañas de concientización y difusión a través de redes sociales y canales de televisión, como la campaña contra la violencia de género en Chile de 2018 "No lo dejes pasar". En la siguiente sección de este informe se analiza cómo se ha intensificado la lucha contra la violencia de género durante la crisis del COVID19, incluso con el apoyo de aplicaciones digitales.

Además de las leyes contra la violencia doméstica, el sistema jurídico chileno implica leyes y reglamentos para combatir el acoso y la violencia contra las mujeres en el ámbito público. La Ley 20.607 de 2012 introdujo en el código laboral chileno sanciones contra el acoso laboral. Los colegios y universidades, en cambio, sólo cuentan con protocolos internos voluntarios contra el maltrato escolar, aunque los casos pueden ser denunciados ante la Superintendencia de Educación si una institución no toma medidas. Tras casi dos años de debate, la ley de acoso sexual callejero fue aprobada por unanimidad en 2019. Las penas pueden ir de 61 días a 5 años de prisión con multas de USD 60 a USD 100.000.

Reflexión sobre políticas

Reducir las barreras que impiden a las víctimas de violencia y acoso acceder al sistema de justicia. Las víctimas de violencia contra la mujer generalmente vacilan en el momento de denunciar el delito por temor a los altos riesgos de victimización en medio de largos procedimientos judiciales. Un análisis reciente de la problemática sugiere que, por término medio, el tiempo de procesamiento de los delitos sexuales en juicios orales requieren 947 días y menos del 8% termina con una condena (Fiscalia de Chile, 2019[83]). Por otra parte, el Código Penal define violación y abuso sexual de forma restringida, lo que implica que muchas prácticas consideradas como violencia sexual no son reconocidas como delitos (OCAC, 2020[84]). Capacitar a la policía y a los funcionarios judiciales sobre cómo abordar la violencia contra las mujeres, incluyendo mejores prácticas para interactuar con las víctimas, puede hacer que el proceso de denuncia de estos delitos sea menos difícil. Por ejemplo, en 2019, México puso en marcha un programa de capacitación policial que pretende garantizar la correcta aplicación de protocolos de actuación en situaciones de violencia de género. Casi ninguna víctima puede cumplir con el actual plazo de seis meses para denunciar el acoso o la violencia sexual, especialmente contra menores. Reconociendo que la decisión de denunciar puede ser más larga, sería recomendable una ampliación del plazo.

Incentivar y garantizar procesos de denuncia seguros para las víctimas. En los lugares de trabajo, en las escuelas y en las universidades, las mujeres pueden ser aún más reacias a denunciar el acoso o la violencia si los agresores ocupan una posición jerárquica superior, como profesores, supervisores o directores (ILO, 2018[85]). Por ello, el Gobierno chileno podría abocar más esfuerzos a la implementación de mecanismos de denuncia seguros que faciliten la denuncia de estas situaciones en el trabajo. La experiencia internacional en la materia sugiere que las iniciativas políticas para fomentar en las empresas la adopción de mecanismos de denuncia pueden respaldarse con diferentes herramientas, como convenios colectivos, por ejemplo, normativas de Seguridad y Salud Laboral y legislación laboral (Eurofound, 2015[86]). Por ejemplo, en los países escandinavos y en los Países Bajos la obligación de los empresarios de establecer procedimientos o medidas para hacer frente a la violencia y el acoso laboral forma parte de una estrategia para proteger la salud mental y física de los empleados. Como tal, forma parte de la normativa para mejorar el bienestar y la salud laboral. Las legislaciones de Bélgica y Francia introdujeron una obligación específica para el empresariado de prevenir la violencia y el acoso. Irlanda aconseja a los empresarios que introduzcan un código de conducta para mostrar su compromiso con la lucha contra comportamientos abusivos, lo cual es muy relevante en caso de demandas judiciales.

El marco normativo también puede centrarse en la prevención, estableciendo principios y pautas que permitan a los empleadores adoptar iniciativas más proactivas. En cumplimiento de estas pautas, algunos empleadores privados han organizado talleres y cursos de capacitación para explicar la ley contra abusos sexuales en el trabajo y para crear conciencia sobre las diferentes manifestaciones de abuso sexual en el trabajo, así como la forma de denunciarlos. El rol de los interlocutores sociales también puede ser relevante para ampliar las acciones preventivas en el trabajo aprovechando su experiencia, incluso ayudando a diseñar apoyos individuales, como la presencia de orientadores confidenciales.

Educar a los jóvenes sobre diferentes aspectos de la violencia y el acoso sexual. Aunque Chile ha lanzado campañas de sensibilización sobre la violencia sexual, estas campañas no se dirigen a los adolescentes, a pesar de que las mujeres jóvenes suelen ser víctimas. Un ejemplo internacional es la campaña #MeGustaCómoEres lanzada por España en 2019 para prevenir la violencia de género entre jóvenes y dirigida a adolescentes. Mediante la promoción del respeto, la aceptación y la autonomía en pareja, la campaña se centra en las principales manifestaciones de la violencia de género, con el objetivo de identificarlas y prevenirlas. Se trata de una campaña totalmente digitalizada, que se difunde a través de las redes sociales. Otras campañas se centran en el acoso sexual callejero. En Argentina, la campaña #Cambiáeltrato, que mostraba a un joven explicando a otro que su comportamiento con las mujeres en la calle no era el adecuado, se hizo viral.

Vigilar la seguridad en el transporte. La falta de un transporte seguro puede llevar a las mujeres a restringir sus movimientos como forma de reducir su exposición a comportamientos de riesgo. Dichas decisiones pueden desalentar, a su vez, a las mujeres a participar en el mercado laboral, siendo el impacto adverso sobre los ingresos potencialmente relevante para hogares en zonas remotas. En Chile, la Agenda 2018-22 para una Política de Equidad de Género en Transportes del Ministerio de Transportes y Telecomunicaciones define metas para analizar las necesidades de transporte de las mujeres y aumentar la seguridad en el transporte público. Si bien se cuenta con estadísticas de acceso y seguridad en el transporte y las características de desplazamientos de hombres y mujeres en Santiago, no existe información similar para las zonas rurales, lo que limita la capacidad de evaluar la eficacia de las políticas (Duchène, 2011[87]).

Recuadro 2.2. Resumen de las opciones políticas para lograr que el trabajo remunerado de las mujeres sea más rentable en Chile

Una serie de políticas concomitantes pueden reducir la brecha de género en los ingresos laborales, disminuyéndose así el incentivo para que las mujeres dediquen más horas a labores no remuneradas. La OCDE sugiere:

Garantizar acceso a una educación de calidad para todos

- *Proporcionar apoyo adicional a niñas y madres adolescentes vulnerables.* Chile ha avanzado para asegurar que las madres adolescentes sigan estudiando y aumentar el impacto de las políticas para reducir embarazos prematuros. En perspectiva, podría existir un margen para proporcionar apoyo financiero adicional a las madres y a sus hijos pequeños para garantizar que puedan adquirir una educación básica y competencias que puedan utilizar en el trabajo.

- *Garantizar una educación e información sexual integral en la escuela.* Para ello se debe garantizar un plan de estudios mínimo de educación sexual y preventiva en cada escuela y supervisar su aplicación. Un asesor especial en materia de salud y educación sexual dentro de las escuelas podría apoyar a los estudiantes con la información adecuada. Es aconsejable que el asesor sea un joven formado académicamente con quien los alumnos puedan identificar más fácilmente como un compañero, en lugar de un profesor formal.

- *Recompensar y comunicar los beneficios de completar los estudios.* Las transferencias monetarias condicionadas (TMC) podrían proporcionar una transferencia regular de beneficios a los padres de origen humilde que decidan mantener a sus hijos en la escuela. La mentoría escolar, asesoramiento para estudiantes y becas específicas pueden ser la clave para ayudar a las niñas y jóvenes a seguir estudiando, si los mentores reciben una formación específica.

Promover a las mujeres en carreras no tradicionales y puestos de liderazgo

- *Reforzar la representación de las mujeres a nivel ejecutivo de las empresas del sector privado.* El sistema de cuotas de género ha dado resultados positivos en el Congreso de Chile y en las empresas estatales. Sin embargo, la aplicación de un sistema similar o de objetivos voluntarios en las juntas de administración y en los puestos de alta dirección sigue siendo difícil entre las empresas del sector privado.

- Reforzar los mecanismos de seguimiento y evaluación con el fin de apoyar el objetivo de la igualdad salarial por un trabajo equivalente. En Australia, la Ley de Igualdad de Género en el Trabajo exige a los empleadores del sector privado con 100 o más empleados que divulguen sus "Indicadores de Igualdad de Género" en los informes anuales presentados a la Agencia de Igualdad de Género en el Trabajo.

- *Intensificar los esfuerzos para aumentar el interés de las niñas por la ciencia, la tecnología y las matemáticas.* Las estudiantes deben conocer las STEM antes de pasar a la educación superior para poder tomar decisiones informadas sobre sus futuras carreras. Los programas de mentoría pueden permitirles identificar modelos positivos, incluso inspirándose de puestos de alto nivel en empresas públicas y privadas. Los textos escolares podrían difundir ejemplos de científicos y científicas. Las campañas de concientización pública pueden apoyar la lucha general contra los estereotipos de género tradicionales mostrando que destacar en las áreas STEM es compatible con la vida familiar.

- *Reconocer y reforzar la aplicación de los permisos legales de maternidad y paternidad en el sector académico y apoyar acceso a servicios de atención.* La ampliación de estos derechos, tal y como propone la hoja de ruta del Ministerio de Ciencia para fomentar la representación de las mujeres en la ciencia, puede favorecer el atractivo de las carreras académicas para las licenciadas en ciencias. Las madres que se reincorporan al trabajo después de su permiso de maternidad deberían tener la opción de aumentar sus horas de trabajo gradualmente.

Apoyar el espíritu empresarial femenino

* *Acelerar la reforma de la ley de matrimonio mediante la renovación de la propuesta que se debate en el Congreso desde hace ocho años.* Como requisito mínimo, esto requeriría la derogación de la norma por defecto que dicta que el marido administre los bienes matrimoniales.

* *Seguir fomentando financiamientos iniciales.* El gobierno debería tratar de mantener su buen historial de concesión de financiamiento a empresarios de ambos sexos. Además, los cursos de formación empresarial para mujeres podrían hacer más hincapié en cuándo tiene sentido solicitar un crédito u otro tipo de financiamiento del sector privado o público y cómo obtenerlo.

* *Potenciar los programas de capacitación mediante mentorías a largo plazo e incubadoras de empresas.* La capacitación de emprendedoras puede desempeñar un poderoso papel en el reforzamiento de competencias empresariales de las personas y, potencialmente, en la creación de empleo. Sin embargo, para que tengan éxito deben cumplir con ciertos criterios, como estar orientados a emprendedores primerizos, ser intensivos y ofrecerse en combinación con apoyo financiero, creación de redes y orientación de mentores - la creación de asociaciones y foros de mujeres, por ejemplo- son importantes catalizadores de información de mercado y pueden facilitar, en gran medida, el intercambio de conocimientos entre pares.

* *Reforzar las estrategias de género es esencial para llegar a las mujeres de bajos ingresos.* Llegar a las mujeres de hogares de bajos ingresos requiere de un diseño de programas que cubran ciertas necesidades cotidianas, como los horarios de las mujeres, por ejemplo, y las necesidades de asistencia en el hogar. Esto es importante para garantizar la continuidad de las obligaciones de cuidado de hijos y ancianos durante el período de capacitación.

Combatir la violencia contra las mujeres

* *Reducir las barreras que impiden a las víctimas de violencia y acoso acceder al sistema judicial.* Las víctimas de violencia femenina generalmente vacilan en denunciar el delito por temor a que los largos procedimientos judiciales las expongan a un alto riesgo de revictimización. Además, el Código Penal define la violación y el abuso sexual en forma restringida, lo que implica que muchas prácticas consideradas como violencia sexual no se reconocen como delitos. Capacitar a la policía y funcionarios judiciales sobre la forma de abordar la violencia contra las mujeres, incluyendo las mejores prácticas para interactuar con las víctimas, facilitaría el proceso de denuncia de estos delitos.

* *Fomentar y garantizar procedimientos de denuncia seguros para las víctimas.* En el trabajo, en las escuelas y en las universidades, las mujeres a veces son reacias a denunciar un acoso o violencia si los agresores ocupan una posición jerárquica superior, como los profesores, supervisores o directivos. El gobierno chileno podría considerar la posibilidad de dedicar más esfuerzos a reforzar la aplicación de mecanismos de denuncia seguros que faciliten la denuncia de estas situaciones en el trabajo.

* *Educar a los jóvenes sobre los diferentes aspectos de la violencia y acoso sexual.* Aunque Chile ha puesto en marcha campañas de concientización sobre la violencia sexual,

éstas no están dirigidas a los adolescentes, a pesar de que las mujeres jóvenes son las más propensas a ser víctimas. Un ejemplo de buena práctica es la campaña española #MeGustaCómoEres, que se lanzó en 2019 para prevenir la violencia de género entre los jóvenes y está dirigida a los adolescentes de ambos sexos.

- ***Monitorear la seguridad en el transporte.*** La falta de seguridad en el transporte puede llevar a las mujeres a restringir sus desplazamientos, dificultando su participación en el mercado laboral. Además, tomar medidas para reforzar las estadísticas de acceso y seguridad de transporte y las condiciones de desplazamiento de hombres y mujeres. Si bien estas estadísticas existen para Santiago, no existen estadísticas similares para las zonas rurales.

Referencias

24 Horas (2020), "Cámara de Diputadas y Diputados despacha a ley proyecto "Crianza Segura"", *24 Horas*, https://www.24horas.cl/coronavirus/camara-de-diputadas-y-diputados-despacha-proyecto-crianza-segura-4336905. [21]

Albornoz Pollmann, L. (2017), *Women's Leadership in Latin America: The Key to Growth and Sustainable Development*, The Atlantic Council, Washington, D.C. [61]

Arellano, P. and S. Peralta (2016), *Emprendimiento y género: Cuarta Encuesta de Microemprendimiento*, Ministerio de Economía, Fomento y Turismo, https://www.economia.gob.cl/wp-content/uploads/2016/03/Informe-de-resultados-Emprendimiento-y-g%C3%A9nero.pdf. [77]

Bousseau, C. and P. Tap (1998), *Parental education and socialisation of the child: internality, valorisation and self-positioning*, https://halshs.archives-ouvertes.fr/halshs-01254469/document. [41]

Bünning, M. (2015), "What Happens after the 'Daddy Months'? Fathers' Involvement in Paid Work, Childcare, and Housework after Taking Parental Leave in Germany", *European Sociological Review*, Vol. 31/6, pp. 738-748, http://dx.doi.org/10.1093/esr/jcv072. [18]

Cámara de Diputadas y Diputados (2019), *A Sala proyecto que fortalece corresponsabilidad parental*, https://www.camara.cl/prensa/sala_de_prensa_detalle.aspx?prmid=138139. [23]

Chile Atiende (n.d.), *Programa 4 a 7, mujer trabaja tranquila*, https://www.chileatiende.gob.cl/fichas/12255-programa-4-a-7-mujer-trabaja-tranquila (accessed on 3 August 2020). [3]

Comunidad Mujer (2018), *Ranking Mujeres en la Alta Direccion 2018*, http://www.comunidadmujer.cl/biblioteca-publicaciones/wp-content/uploads/2019/01/Ranking-Mujeres-en-la-Alta-Direccio%CC%81n-2018.pdf. [68]

CONICYT (2017), *Politica institucional de equidad de género en ciencia y tecnologia: Periodo 2017-2025*, https://www.conicyt.cl/wp-content/uploads/2015/03/Politica-Institucional-Equidad-de-Genero-en-CyT-Periodo-2017_2025.pdf. [70]

Cortázar, A. (2015), "Long-term effects of public early childhood education on academic achievement in Chile", *Early Childhood Research Quarterly*, Vol. 32, pp. 13-22, https://doi.org/10.1016/j.ecresq.2015.01.003. [7]

Council of Europe (2014), *Gender Stereotypes in and through education: Report of the 2nd Conference of the Council of Euope National Focal Points on Gender Equality*, https://rm.coe.int/1680590fe5. [52]

Council of Europe (2011), *Combating Gender Steroetypes in Education*, https://rm.coe.int/1680596131 (accessed on 20 January 2021). [54]

Duchène, C. (2011), "Gender and Transport", *Discussion Paper*, No. 11, International Transport Forum, Paris. [87]

ECLAC (2018), *Los cuidados en América Latina y el Caribe*, https://repositorio.cepal.org/bitstream/handle/11362/44361/1/S1801102_es.pdf (accessed on 23 March 2021). [2]

EIGE (2020), *Gender mainstreaming: Ireland*, https://eige.europa.eu/gender-mainstreaming/countries/ireland (accessed on 20 January 2021). [55]

EU (2012), *Gender differences in educational outcomes: Study on the measures taken and the current situation in Europe*, https://op.europa.eu/en/publication-detail/-/publication/40271e21-ca1b-461e-ba23-88fe4d4b3fd4. [42]

Eurofound (2015), *Violence and harassment in European workplaces: Extent, impacts and policies*, European Foundation for the Improvement of Living and Working Conditions, Dublin, https://www.eurofound.europa.eu/sites/default/files/ef_comparative_analytical_report/field_ef_documents/ef1473en.pdf (accessed on 12 January 2021). [86]

Fiscalia de Chile (2019), *Boletin III Trimsestre Enero-Septiembre 2020*, http://www.fiscaliadechile.cl/Fiscalia/estadisticas/index.do (accessed on 2 October 2020). [83]

GOB (2020), *Proceso Constituyente: El 25 de octubre Chile decidió en las urnas*, https://www.gob.cl/procesoconstituyente/ (accessed on 28 October 2020). [63]

Grimm, M. and A. Paffhausen (2015), "Do interventions targeted at micro-entrepreneurs and small and medium-sized firms create jobs? A systematic review of the evidence for low and middle income countries", *Labour Economics*, Vol. 32, pp. 67-85, https://doi.org/10.1016/j.labeco.2015.01.003. [79]

Hagqvist, E. et al. (2017), "Parental leave policies and time use for mothers and fathers: a case study of Spain and Sweden", *Society, Health & Vulnerability*, doi: 10.1080/20021518.2017.1374103, p. 1374103, http://dx.doi.org/10.1080/20021518.2017.1374103. [17]

Hart, V. (2003), "Democratic Constitution Making", *United States Institute for Peace*, Vol. 107, https://www.usip.org/publications/2003/07/democratic-constitution-making. [67]

Heckman, J. et al. (2010), "The rate of return to the HighScope Perry Preschool Program", *Journal of Public Economics*, Vol. 94/1, pp. 114-128, https://doi.org/10.1016/j.jpubeco.2009.11.001. [6]

IDB (2015), "The Effect of Mandated Child Care on Female Wages in Chile", *National Bureau of Economic Research Working Paper Series*, Vol. No. 21080, https://publications.iadb.org/en/effect-mandated-child-care-female-wages-chile. [10]

IDEA (2019), "Women Constitution-Makers: Comparative Experiences with Representation, Participation and Influence", *First Annual Women Constitution-Makers'Dialogue, Edinburgh 2019*, https://www.idea.int/sites/default/files/publications/women-constitution-makers-comparative-experiences-with-representation-participation-influence.pdf (accessed on 28 October 2020). [66]

ILO (2020), *An employers' guide on working from home in response to the outbreak of COVID-19*, International Labour Organization, Geneva, https://www.ilo.org/wcmsp5/groups/public/---ed_dialogue/---act_emp/documents/publication/wcms_745024.pdf. [26]

ILO (2018), *Acabar con la violencia y el acoso contra las mujeres y los hombres en el mundo laboral*, https://www.ilo.org/wcmsp5/groups/public/---ed_norm/---relconf/documents/meetingdocument/wcms_554100.pdf. [85]

ILO (2018), *Garantizar un tiempo de trabajo decente para el futuro*, International Labour Organization, Geneva, https://www.ilo.org/wcmsp5/groups/public/---ed_norm/---relconf/documents/meetingdocument/wcms_618490.pdf. [24]

INE (2016), *Encuesta Nacional del Uso de Tiempo 2015 Cuadros Estadísticos*, https://www.ine.cl/estadisticas/sociales/genero/uso-del-tiempo (accessed on 3 August 2020). [1]

International Finance Corporation (2017), *Tackling Childcare - The Business Case for Employer-Supported Childcare*, International Finance Corporation, Washington, D.C., https://www.ifc.org/wps/wcm/connect/cd79e230-3ee2-46ae-adc5-e54d3d649f31/01817+WB+Childcare+Report_FinalWeb3.pdf?MOD=AJPERES&CVID=lXu9vP-. [12]

IPC-IG and UNICEF. (2020), *Maternidad y paternidad en el lugar de trabajo en América Latina y el Caribe — políticas para la licencia de maternidad y paternidad y apoyo a la lactancia materna*, entro Internacional de Políticas para el Crecimiento Inclusivo and UNICEF, Brasilia, https://uni.cf/2TSn1a6. [20]

IPI (2015), *Reimagining Peacemaking: Women's Roles in Peace Processes*, https://www.ipinst.org/wp-content/uploads/2015/06/IPI-E-pub-Reimagining-Peacemaking.pdf (accessed on 28 2020). [64]

Karlson and Simonsson (2011), *A question of Gender- Sensistive Pedagogy: discouses in pedagogical guidelines*, https://journals.sagepub.com/doi/pdf/10.2304/ciec.2011.12.3.274. [34]

Kotsadam, A. and H. Finseraas (2011), "The state intervenes in the battle of the sexes: Causal effects of paternity leave", *Social Science Research*, Vol. 40/6, pp. 1611-1622, https://doi.org/10.1016/j.ssresearch.2011.06.011. [16]

Kunze, A. (2018), "The Gender Wage Gap in Developed Countries", in Averett, S., L. Argys and S. Hoffman (eds.), *The Oxford Handbook of Women and the Economy*, Oxford University Press, Oxford, http://dx.doi.org/10.1093/oxfordhb/9780190628963.013.11. [37]

Lachance-Grzela, M. and G. Bouchard (2010), "Why Do Women Do the Lion's Share of Housework? A Decade of Research", *Sex Roles*, Vol. 63/11, pp. 767-780, http://dx.doi.org/10.1007/s11199-010-9797-z. [39]

Lexartza, L., M. Chaves and A. Cardeco (2016), *Policies to formalize paid domestic work in Latin America and the Caribbean*, Regional Office for Latin America and the Caribbean, Lima, https://www.ilo.org/wcmsp5/groups/public/---americas/---ro-lima/documents/publication/wcms_534457.pdf. [31]

Martínez A., C., E. Puentes and J. Ruiz-Tagle (2018), "The Effects of Micro-entrepreneurship Programs on Labor Market Performance: Experimental Evidence from Chile", *American Economic Journal: Applied Economics*, Vol. 10/2, http://dx.doi.org/10.1257/app.20150245. [75]

MINEDUC (2019), *Comision por una educacion con equidad de género: Propuestas de accion*, https://equidaddegenero.mineduc.cl/assets/pdf/propuestas-compressed.pdf. [50]

MINEDUC (2019), *http://convivenciaescolar.mineduc.cl/wp-content/uploads/2019/04/Protocolo-de-retenci%C3%B3n-en-el-sistema-escolar-de-estudiantes-embarazadas-madres-y-padres-adolescentes.-Mined.pdf*. [57]

MINEDUC (2019), *Minedu iniciará campaña para informar a padres de familia sobre el enfoque de género*, https://www.gob.pe/institucion/minedu/noticias/28286-minedu-iniciara-campana-para-informar-a-padres-de-familia-sobre-el-enfoque-de-genero. [53]

MINEDUC (2018), *Guias pedagogicas: eduquemos con igualdad*, https://www.mineduc.cl/wp-content/uploads/sites/19/2016/08/0.-Guias-pedagogicas-Campan%CC%83a-Eduquemos-con-Igualdad.pdf. [46]

MINEDUC (2018), *Indicadores de la Educacion en Chile: 2011-2016*, https://centroestudios.mineduc.cl/wp-content/uploads/sites/100/2018/03/INDICADORES_baja.pdf. [56]

MINEDUC (2016), *indicador Retención escolar*, https://www.curriculumnacional.cl/614/articles-90161_recurso_2.pdf. [58]

MINEDUC (2015), *Educar para la igualdad de género: Plan 2015-2018*, https://www.mineduc.cl/wp-content/uploads/sites/19/2017/01/CartillaUEG.pdf. [48]

Ministerio de Desarrollo Social y Família (n.d.), *Chile Cuida*, https://www.chilecuida.gob.cl/ (accessed on 3 August 2020). [4]

Ministerio del Interior y de la Seguridad Publica (2018), , https://www.diariooficial.interior.gob.cl/publicaciones/2018/02/10/41980/01/1351395.pdf. [49]

Moussié, R. (2016), *Child care from the perspective of women in the informal sector*, UN Secretary-General's High-Level Panel on Women's Economic Empowerment, https://www.wiego.org/sites/default/files/resources/files/WIEGO_childcare-informal-economy.pdf. [11]

Nores, M. and W. Barnett (2010), "Benefits of early childhood interventions across the world: (Under) Investing in the very young", *Economics of Education Review*, Vol. 29/2, pp. 271-282, https://doi.org/10.1016/j.econedurev.2009.09.001. [5]

Obrach King, Alexandra et al. (2017), *Salud sexual y reproductiva de adolescentes en Chile: el rol de la educacion sexual*, Revista Salud Publica, https://scielosp.org/pdf/rsap/2017.v19n6/848-854/es. [59]

OCAC (2020), *Radiografia del acoso sexual en Chile: Primera encuesta nacional sobre acoso sexual callejero, laboral, en*, https://www.ocac.cl/wp-content/uploads/2020/07/Informe-encuesta-OCAC-2020.-Radiograf%C3%ADa-del-acoso-sexual-en-Chile.pdf. [84]

OEAP (2018), *Brechas para el Emprendimiento en la Alianza del Pacífico*, Observatorio Estratégico de la Alianza del Pacífic, Santiago, http://centrodeinnovacion.uc.cl/assets/uploads/2018/12/estudio-brechas-para-el-emprendimiento-en-la-ap.pdf. [78]

OEAP (2018), *Programas de apoyo al Emprendimiento Feminino en la Alianza del Pacifico*, Observatorio Estratégico de la Alianza del Pacifico, https://asep.pe/wp-content/uploads/2018/11/Emprendimiento-Femenino-en-Latinoamerica-Informe-Mujeres-del-Pacifico.pdf. [74]

OECD (2020), *Iniciativa NiñaSTEM Pueden*, https://www.oecd.org/centrodemexico/iniciativa-niastem-pueden.htm (accessed on 2020). [72]

OECD (2020), "Productivity gains from teleworking in the post COVID-19 era : How can public policies make it happen?", *OECD Policy Responses to Coronavirus (COVID-19)*, OECD Publishing, Paris, https://doi.org/10.1787/a5d52e99-en. [32]

OECD (2020), *SIGI 2020 Regional Report for Latin America and the Caribbean*, Social Institutions and Gender Index, OECD Publishing, Paris, https://dx.doi.org/10.1787/cb7d45d1-en. [73]

OECD (2019), *Corporate Governance Factbook 2019*, http://www.oecd.org/corporate/Corporate-Governance-Factbook.pdf. [71]

OECD (2019), *Enabling Women's Economic Empowerment: New Approaches to Unpaid Care Work in Developing Countries*, OECD Publishing, Paris, https://doi.org/10.1787/ec90d1b1-en. [81]

OECD (2019), *Prental Leave Systems*, https://www.oecd.org/els/soc/PF2_1_Parental_leave_systems.pdf (accessed on 23 March 2021). [29]

OECD (2018), *Enhancing Social Inclusion in Latin America: Key Issues and the Role of Social Protection Systems*, OECD, Paris, http://www.oecd.org/latin-america/regional-programme/Enhancing-Social-Inclusion-LAC.pdf. [30]

OECD (2017), *The Pursuit of Gender Equality: An Uphill Battle*, OECD Publishing, Paris, https://dx.doi.org/10.1787/9789264281318-en. [38]

OECD (2016), *Be Flexible! Background brief on how workplace flexibility can help European employees to balance work and family*, OECD, Paris, https://www.oecd.org/els/family/Be-Flexible-Backgrounder-Workplace-Flexibility.pdf. [28]

OECD (2015), *The ABC of Gender Equality in Education: Aptitude, Behaviour, Confidence*, PISA, OECD Publishing, Paris, https://dx.doi.org/10.1787/9789264229945-en. [36]

OECD (2012), *Closing the Gender Gap: Act Now*, OECD Publishing, Paris, https://dx.doi.org/10.1787/9789264179370-en. [33]

OECD (n.d.), *OECD Family Database*, http://www.oecd.org/social/family/database.htm. [19]

OECD/EU (2019), *Policy Brief on Incubators and Accelerators that Support Inclusive Entrepreneurship*, Publications Office of the European Union, Luxembourg, http://dx.doi.org/10.2767/092345.
[80]

OECD/EU (2017), *Policy Brief on Women's Entrepreneurship*, Publications Office of the European Union, Luxembourg, https://www.oecd.org/cfe/smes/Policy-Brief-on-Women-s-Entrepreneurship.pdf.
[76]

OXFAM (2007), *Practicing Gender Euqality in Education*, https://oxfamilibrary.openrepository.com/bitstream/handle/10546/115528/bk-practising-gender-equality-education-150607-en.pdf?sequence=5.
[44]

OXFAM (2005), *Gender Equality in Schools*, http://www.ungei.org/oxfam_edPaper2.pdf.
[43]

Red Chilena Contra las Violencias Hacia las Mujeres (2020), *Violencia contra mujeres en Chile: dossier informativo 2019-2020*, http://www.nomasviolenciacontramujeres.cl/wp-content/uploads/2020/08/dossier-red-corre.pdf.
[82]

Rhee, J., N. Done and G. Anderson (2015), "Considering long-term care insurance for middle-income countries: comparing South Korea with Japan and Germany", *Health Policy*, Vol. 119/10, pp. 1319-1329, https://doi.org/10.1016/j.healthpol.2015.06.001.
[14]

Rich, M. (2019), "Two Men in Japan Dared to Take Paternity Leave. It Cost Them Dearly, They Say", *New York Times*, https://www.nytimes.com/2019/09/12/world/asia/japan-paternity-leave.html.
[22]

Scholarship, O. (ed.) (1998), *The Politics of Presence*, Oxford Scholarship, http://dx.doi.org/DOI:10.1093/0198294158.001.0001.
[65]

Senado (2019), *Logran histórico acuerdo para Nueva Constitución: participación ciudadana será clave*, https://www.senado.cl/logran-historico-acuerdo-para-nueva-constitucion-participacion/senado/2019-11-14/134609.html (accessed on 28 October 2020).
[62]

SENAMA (2013), *Maltrato Contra las Personas Mayores:Una Mirada desde la Realidad Chilena*, Ministerio de Desarrollo Social, Santiago, http://www.flacsochile.org/wp-content/uploads/2013/11/SENAMA-Cuadernillo3-CAMBIOS-6-de-noviembre-2013.pdf.
[8]

SERNAM (2009), "Analisis de género en el aula", *Documento de Trabajo* 117.
[45]

Sistema de Empresas (2016), *Presencia femenina en directorios de empresas públicas bordeó el 30% en 2015*, http://www.sepchile.cl/prensa/noticias/noticias/?no_cache=1&tx_ttnews%5Btt_news%5D=438&cHash=2d08f9e4637af522a70fc23c91a5906a (accessed on 12 January 2021).
[69]

Soto, T. et al. (2018), *Teletrabajo en el Estado de Chile: Efectos y desafíos para su diseño e implementación*, Centro de Sistemas Públicos (CSP), Ingeniería Industrial, Universidad de Chile, http://www.trendtic.cl/wp-content/uploads/2018/10/CSP-SSP16-Teletrabajo-en-el-Estado-de-Chile-1.pdf.
[27]

Thévenon, O. and A. Solaz (2013), "Labour Market Effects of Parental Leave Policies in OECD Countries", *OECD Social, Employment and Migration Working Papers*, No. 141, OECD Publishing, Paris, https://dx.doi.org/10.1787/5k8xb6hw1wjf-en.
[15]

UDP (2018), *Informe anual sobre derechos humanos en Chile 2018*, http://www.derechoshumanos.udp.cl/derechoshumanos/images/InformeAnual/2018/Muoz-y-Ramos-Educacin-y-Genero.pdf. [47]

UN Women (2017), *Long-term Care for Older People - A New Gender Policy Priority*, UN Women, New York, https://www.unwomen.org/-/media/headquarters/attachments/sections/library/publications/2017/un-women-policy-brief-09-long-term-care-for-older-people-en.pdf?la=en&vs=1608. [13]

UNESCO (2018), *International Technical Guidance on Sexuality Education, an Evidence Informed approach*, OECD, Paris, http://unesdoc.unesco.org/images/0026/002607/260770e.pdf. (accessed on 12 January 2021). [60]

UNESCO (2017), *Una mirada a la profesion docente en el Peru: Futuros docentes, docentes en servicio y formadores docentes*, https://unesdoc.unesco.org/ark:/48223/pf0000260917/PDF/260917spa.pdf.multi. [51]

UNESCO (2004), *Gender sensitivity: a training manual for sensitizing education managers, curriculum and material developers and media professionals to gender concerns*, https://unesdoc.unesco.org/ark:/48223/pf0000137604_eng. [40]

Wahlstrom, K. (2003), *Flickor pojkar och pedagoger [Girls, boys and pedagogues]*. [35]

Yañez, S. (2016), *¿Tiempo de Trabajo Decente? La jornada laboral en América Latina e instrumentos y mecanismos de su flexibilización*, FLACSO, Santiago, http://www.flacsochile.org/wp-content/uploads/2016/09/Doc-Trabajo-N%C2%BA1-Tiempo-de-trabajo-decente_opt.pdf. [25]

Yévenes, P. (2018), "La sala cuna universal en 10 preguntas", https://www.latercera.com/nacional/noticia/la-sala-cuna-universal-10-preguntas/274976/. [9]

3 Los efectos combinados del COVID19

Este capítulo ofrece una visión detallada de los impactos de la pandemia del COVID19 en la salud, bienestar social y económico en Chile. En él se constata que el COVID19 y la cuarentena han exacerbado drásticamente las desigualdades de género, al menos temporalmente. El capítulo comienza con un análisis de la evolución del mercado laboral. La pandemia ha exacerbado el papel de sustentador principal de los hombres. Por el contrario, las mujeres chilenas que dejaron de trabajar no buscaron otro empleo -porque asumieron tareas adicionales de cuidado. Además de una mayor inactividad en el mercado laboral, la pandemia también provocó una exacerbación del estrés y de los problemas de salud mental y un escalamiento de episodios de violencia contra las mujeres. A continuación, el capítulo revisa las primeras medidas que el Gobierno chileno ha tomado para mitigar estas consecuencias adversas y presenta un conjunto de políticas para implementar continuos esfuerzos gubernamentales con el fin de apoyar a las mujeres, especialmente a las más vulnerables.

El 8 de marzo de 2020, justo antes que los países de todo el mundo implementaran cuarentenas en respuesta al brote del COVID19, miles de mujeres chilenas de diferentes edades y orígenes participaron en una marcha del Día de la Mujer que muchos comentaristas calificaron como histórica. Lo que hizo única a esta marcha fue el sentimiento de que Chile se encontraba en un punto de inflexión en la lucha por la igualdad de género y que el próximo referéndum constitucional abriría el camino a un futuro más brillante, de mayor representación femenina e igualdad en la elaboración de leyes (Escobar, 2020[1]). La aprobación del referéndum, el cual estableció que la mitad de los miembros de la convención constitucional serían mujeres, respaldó la confianza general en el rol que pueden desempeñar las mujeres chilenas como agentes del cambio. Se trata, en efecto, de un planteamiento sin precedentes que convierte a Chile en el primer país que redacta su constitución bajo condiciones de paridad de género.

Sin embargo, la situación del mercado laboral y de bienestar de las mujeres chilenas se ha deteriorado drásticamente desde el inicio de la pandemia, lo que ha llevado a una exacerbación del estrés y de los problemas de salud mental y al recrudecimiento de episodios de violencia contra las mujeres. Estos inesperados acontecimientos han sacado a la luz, de forma inédita, una serie de retos fundamentales preexistentes y que aún queda camino por recorrer para que las políticas que dan cuenta de las desigualdades de género en Chile respondan a las necesidades, responsabilidades y perspectivas de las mujeres.

Este capítulo ofrece una visión detallada de los impactos de la pandemia del COVID19 en la salud, bienestar social y económico de Chile. Constata que el COVID19 y la cuarentena han exacerbado drásticamente las desigualdades de género y analiza las primeras medidas que el Gobierno chileno ha tomado para mitigar estas consecuencias.

Mujeres y COVID19 en Chile: Análisis de impactos y desafíos

La pandemia golpeó con fuerza a Chile, el cual sufrió una de las mayores cifras de muertes por millón de habitantes (OECD, 2021[2]). La mayoría de los casos se concentraron en el área metropolitana de Santiago, con brotes dispersos en otras regiones del país. El gobierno respondió aplicando cuarentenas locales en combinación con restricciones de movilidad y toques de queda nocturnos. En mayo de 2020, la ciudad de Santiago y otras grandes ciudades estaban bajo estrictas cuarentenas y la mayoría de las medidas de confinamiento se levantaron progresivamente a mediados de julio, cuando las infecciones comenzaron a disminuir. El estado de emergencia, declarado en marzo para imponer medidas de restricción, duró hasta fines de 2020.

Evolución del mercado laboral

El *status quo* previo de Chile era uno en el que sólo alrededor del 50% de las mujeres participaban en el mercado laboral antes de la pandemia, en comparación con el 70% de los hombres (Figura 1.6, Capítulo 1). Tras el estallido de la crisis del COVID19, Chile registró una fuerte caída de la tasa de empleo durante el primer semestre de 2020, superior a 10 puntos porcentuales tanto entre hombres como entre mujeres. Dado que las tasas respectivas cayeron aproximadamente en la misma medida, la crisis afectó a trabajadores masculinos y femeninos en grados similares (Figura 3.1). Una de las razones de esta similitud es que los sectores más afectados incluyeron aquellos en los que las mujeres están sobrerrepresentadas, como el comercio minorista y los servicios de hotelería y gastronómicos, así como aquellos en los que los hombres están sobrerrepresentados, como la construcción (INE, 2020[3]).

Figura 3.1. La relación empleo-población de las mujeres chilenas se redujo en una cuarta parte entre enero y junio de 2020

Relación empleo-población de 15-64 años

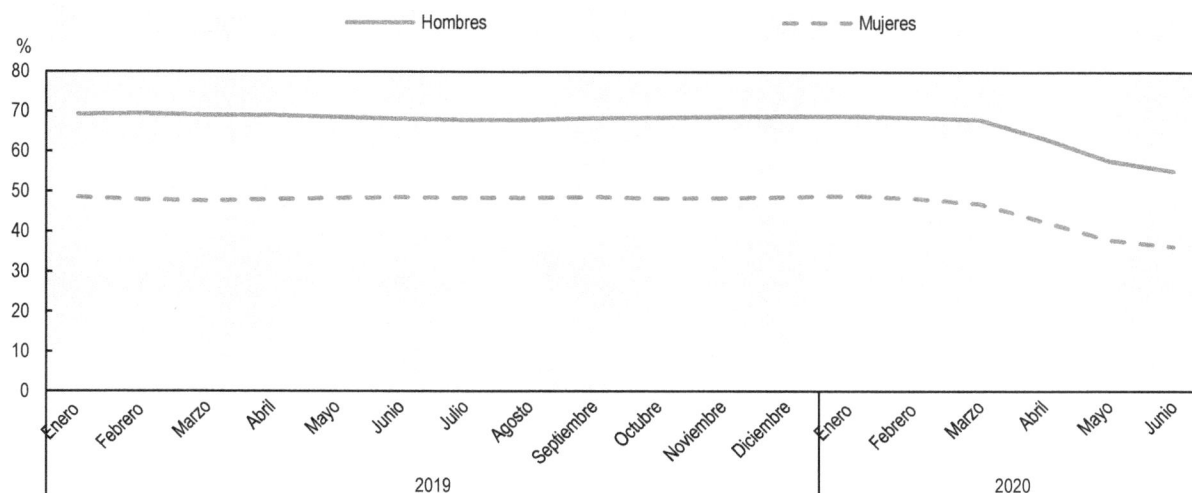

Nota: Las estadísticas se refieren a cifras trimestrales móviles. Por ejemplo, el valor de junio de 2020 se refiere a la media de abril a junio de 2020.
Fuente: Instituto Nacional de Estadística (2020[4]), Banco de datos de la Encuesta Nacional de Empleo, http://bancodatosene.ine.cl/.

La Figura 3.2 compara la caída del empleo en 12 países de América Latina y el Caribe en base a los datos disponibles. En Chile, la tasa de empleo cayó en mayor medida que la media regional (panel A). Es importante destacar que muchos empleados que perdieron su empleo no buscaron uno nuevo, ya sea porque consideraron que la probabilidad de encontrar uno era demasiado baja dadas las restricciones impuestas a las actividades económicas o por precaución ante el riesgo de infección (ECLAC and ILO, 2020[5]). Por ejemplo, muchos trabajadores independientes decidieron esperar a tener mejores condiciones antes de reanudar sus actividades. Al abandonar el mercado de trabajo, estos trabajadores dejaron de cumplir los requisitos para ser clasificados como desempleados -es decir, pasaron a ser inactivos- y, en consecuencia, la caída del empleo provocó una fuerte contracción de las tasas de participación. La magnitud de la contracción combinada entre hombres y mujeres se aproxima a 10 puntos porcentuales en Chile, lo que se compara con los 8 puntos porcentuales para el promedio de los países regionales según los datos disponibles (Figura 3.2, Panel B).

Figura 3.2. Evolución del mercado laboral tras la pandemia

Variaciones interanuales utilizando las diferencias entre las tasas del segundo trimestre de 2020 y 2019, en puntos porcentuales

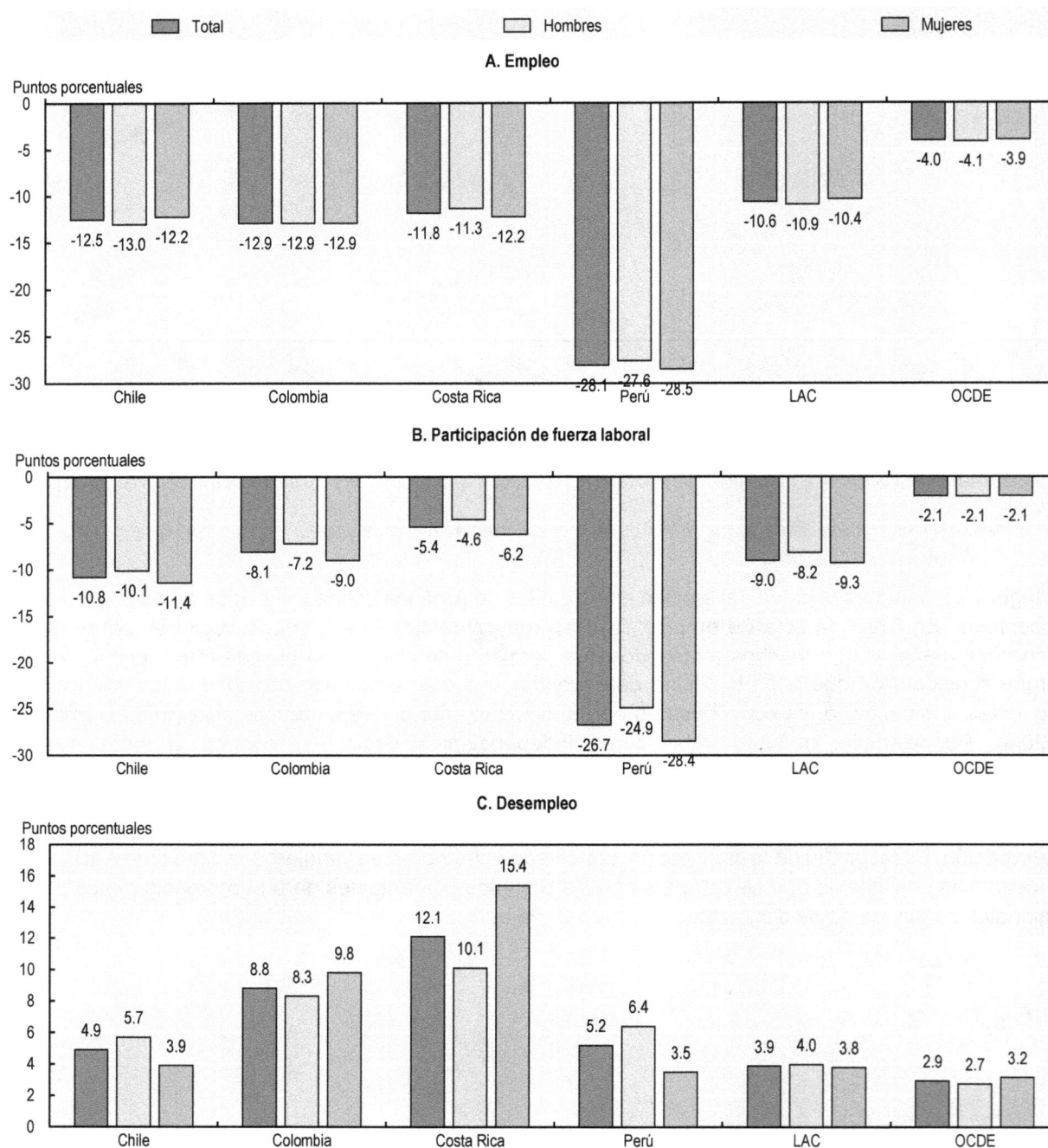

A. Empleo

B. Participación de fuerza laboral

C. Desempleo

Nota: LAC, media simple de 12 países: Argentina, Bolivia, Brasil, Chile, Colombia, Costa Rica, Ecuador, México, Paraguay, Perú, República Dominicana y Uruguay.

Fuente: OCDE: http://dotstat.oecd.org//Index.aspx?QueryId=103557; LAC: Comisión Económica para América Latina y el Caribe (CEPAL)/Organización Internacional del Trabajo (OIT), "Tendencias del empleo en una crisis sin precedentes: desafíos de política", Situación del empleo en América Latina y el Caribe, N° 23 (LC/TS.2020/128), Santiago, 2020.

Para el promedio de los países de LAC mencionados, la caída masiva de las tasas de participación en el mercado laboral mitigó, a su vez, el impacto en la tasa de desempleo. En Chile, sin embargo, la magnitud del aumento de la tasa de desempleo entre los hombres fue casi 2 puntos porcentuales mayor que la observada en la media de los países de LAC (+5,7%, frente a +4,0%; Figura 3.2, Panel C). Esto contrasta fuertemente con el aumento de la tasa de desempleo de las mujeres, que en Chile se mantuvo bien alineada con la media regional (+3,9%, frente a +3,8%).

Las diferencias de género en los patrones de desempleo ocultan importantes diferencias en la forma en que los hombres y mujeres chilenos/as han respondido a la pandemia. En particular, parece probable que el papel que desempeñan los hombres como principal sostén del hogar se fortaleció aún más luego de la pandemia. En consecuencia, el marcado aumento de la tasa de desempleo masculina refleja el hecho de que han seguido buscando nuevos empleos (ECLAC and ILO, 2020[5]). Otros países de la región han tenido un comportamiento similar, pero el aumento más fuerte que el promedio de la tasa de desempleo masculina en Chile sugiere que el efecto "hombre sustentador" podría haber estado particularmente pronunciado en el país.

Por el contrario, hasta el 80% de las mujeres chilenas que dejaron de trabajar durante la pandemia no buscaron reemplearse, siendo el 30% de estas mujeres jefas de hogar en 2020 (Escobar, 2020[1]). Esta gran retirada de las mujeres del mercado laboral refleja el hecho de que las mujeres asumieron tareas adicionales de cuidado durante la pandemia. Si la tasa de desempleo de las mujeres aumentó menos que la de los hombres, fue porque dejaron de buscar activamente un nuevo empleo en el mercado laboral remunerado.

Mujeres con bajos ingresos

Es probable que las altas tasas de inactividad de las mujeres trabajadoras hayan provocado pérdidas sustanciales en los ingresos de los hogares. Para ayudar a arrojar luz sobre este tema en particular, la Figura 3.3 representa la evolución de la jefatura femenina de los hogares en Chile, medida como el porcentaje del número total de hogares durante un período de casi tres décadas. Muestra que esta proporción experimentó un aumento significativo durante el período, particularmente dramático desde el inicio del siglo, pasando del 23,2% de todos los hogares del país en 2000 al 42,4% en 2017. Al mismo tiempo, la estructura de los hogares también cambió significativamente en Chile, ya que los hogares unipersonales casi se duplicaron (del 8,7% del total de hogares en 2006 al 15,4% en 2017). Durante el mismo período, los hogares biparentales disminuyeron del 67,6% al 56,6%, mientras que los hogares monoparentales aumentaron en 3 puntos porcentuales, alcanzando el 27,4%. Un análisis reciente muestra que, durante la pandemia, el 52% de las mujeres de bajos ingresos en Chile (primer decil de ingresos) no pudieron trabajar reflejando la pandemia, lo cual es 5 puntos porcentuales más alto que lo observado para los hombres de bajos ingresos (Gutierrez, Martin and Nopo, 2020[6]).

Figura 3.3. Evolución de hogares con cabecera femenina en Chile

Porcentajes del total de hogares

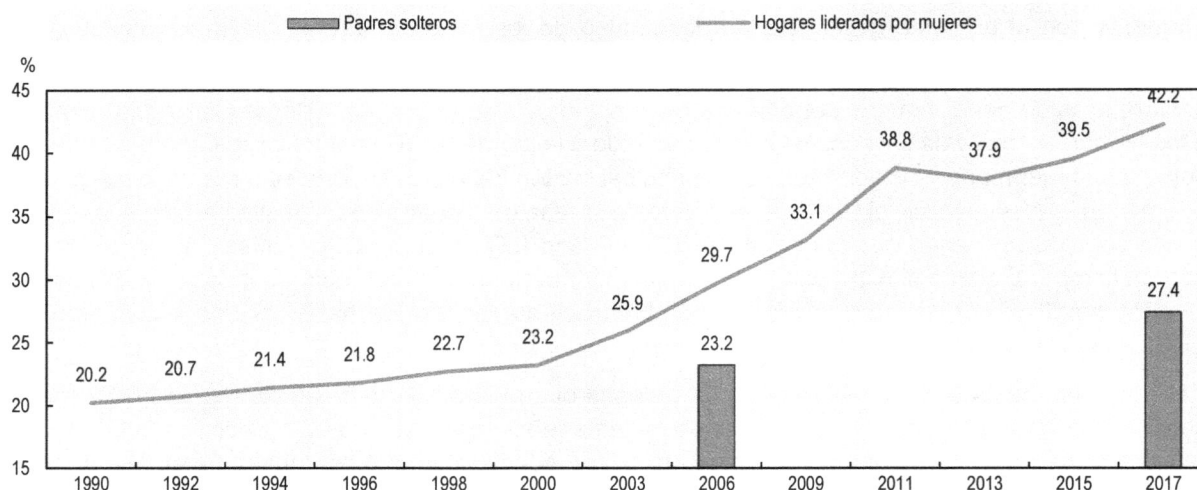

Fuente: Ministerio de Desarrollo Social y Familia, Encuesta Casen 1990-2017.

Cuadro 3.1 ilustra los efectos de la pandemia del COVID19 en categorías laborales específicas. Destaca que la crisis sanitaria afectó con especial fuerza a categorías laborales que se caracterizan por la sobrerrepresentación de mujeres trabajadoras de hogares de bajos ingresos. Es revelador, por ejemplo, que el número de empleados dependientes que trabajan en hogares como cuidadores o empleados domésticos se redujo en casi un 48% en Chile durante el segundo trimestre de 2020. Esta contracción fue significativamente más fuerte que la experimentada por el promedio de los países de América Latina con cifras disponibles (32%).

Otra categoría que merece ser mencionada es el trabajo independiente. Como se adelantó en la discusión sobre la evolución del mercado laboral de las mujeres en Chile, éste es una importante fuente de trabajo femenino en el país. El empleo de esta categoría se contrajo cerca del 35% en Chile, lo que se compara con un promedio regional de alrededor del 21%. Muchas actividades independientes se basan en relaciones personales, especialmente cuando se producen en el sector informal, y por tanto no se adecúan al teletrabajo. Por ello, las medidas de distanciamiento provocaron su interrupción (ECLAC and ILO, 2020[5]).

Posiblemente relacionado con la fuerte contracción del trabajo independiente, en Chile también disminuyó considerablemente el número de personas que realizan actividades laborales no remuneradas en el marco de una empresa familiar. Como suele ocurrir, se trata de actividades independientes, siendo las mujeres las principales sostenedoras. En el conjunto de los países de América Latina, los trabajadores no remunerados constituyen la segunda categoría más afectada por la pandemia -después de los asalariados que trabajan desde el hogar- y la contracción correspondiente ha sido, en promedio, del 24,2%. En Chile, la caída de los trabajadores no remunerados fue significativamente más fuerte que el promedio regional (42%). Una explicación de la contracción más marcada de los trabajadores independientes y no remunerados en Chile que en otros similares regionales (Colombia, Ecuador, Paraguay y Bolivia, por ejemplo), podría ser que en esos países los trabajadores independientes siguen representando una parte importante del sector agrícola. Es probable que estas actividades hayan sufrido menos la introducción de medidas de contención (ECLAC and ILO, 2020[5]).

Cuadro 3.1. Patrones de empleo por categorías ocupacionales en países seleccionados de América Latina

Variaciones porcentuales interanuales de gente empleada, segundo trimestre de 2020

	Asalariados en empresas e instituciones			Asalariados en hogares	Empleadores	Trabajadores independientes	Trabajadores no remunerados
	Privadas	Públicas	Total				
Argentina	-21,1	+8,9	-15,6	-38,2	-39,5	-28,2	-7,8
Bolivia	...	...	-17,4	-26,6	-39,8	+0,3	-8,0
Brasil	-13,2	+6,0	-9,3	-24,6	-9,5	-10,3	-15,5
Chile	-15,5	-0,6	-12,9	-47,7	-34,6	-34,7	-41,7
Colombia	-24,2	-3,6	-22,6	-44,7	-30,2	-17,9	-29,1
Costa Rica	-17,5	-4,4	-14,8	-44,0	-33,8	-25,1	-27,9
República Dominicana	-11,2	+3,9	-7,3	-31,1	-9,4	-6,8	-23,2
Ecuador	-19,7	-5,6	-17,5	...	...	-10,2	-31,2
México	-13,6	+4,0	-12,5	...	-17,5	-30,9	-35,7
Paraguay	-11,7	+2,2	-8,7	-15,5	-48,4	+12,7	+5,0
Perú			-48,3	-68,8	...	-63,4	-69,0
América Latina, media ponderada	-14,7	+4,2	-14,2	-32,2	-17,9	-20,5	-24,3
América Latina, Mediana	-15,5	+2,2	-14,8	-38,2	-33,8	-17,9	-2,0

Fuente: OCDE: http://dotstat.oecd.org//Index.aspx?QueryId=103557; LAC: Comisión Económica para América Latina y el Caribe (CEPAL)/Organización Internacional del Trabajo (OIT), "Tendencias del empleo en una crisis sin precedentes: desafíos de política", Situación del empleo en América Latina y el Caribe, Nº 23 (LC/TS.2020/128), Santiago, 2020.

Obligaciones de cuidados no remuneradas

Las medidas de confinamiento y distanciamiento social han provocado una reducción abrupta no sólo de las actividades de cuidado formal por parte de los centros de atención y educación infantil, sino también del cuidado informal de apoyo a las familias y a los vecinos (Women, UN; ECLAC;, 2020[7]). A mediados de marzo, el Gobierno chileno decidió cerrar las escuelas y el Ministerio de Educación puso en marcha nuevas medidas centradas en el aprendizaje virtual para que los estudiantes continuaran sus programas escolares desde sus hogares. La plataforma *Aprendo en Línea* le permite a estudiantes y profesores acceder a diversos materiales de aprendizaje y herramientas pedagógicas en línea como parte del programa escolar prioritario adoptado en respuesta a la crisis (MINEDUC, 2020[8]). Además, se están utilizando nuevos programas de televisión educativa para apoyar a profesores y padres con la organización de actividades educativas en casa.

Sin embargo, el acceso limitado a internet implica que la educación a distancia es más difícil para muchos estudiantes chilenos, particularmente para aquellos que provienen de hogares de bajos ingresos, los cuales están menos conectados, o cuyos padres no pueden ayudarlos. En Chile, aunque sólo el 12% de los hogares indican que no tienen acceso a internet, la proporción de los que tienen una conexión estable sigue siendo pequeña (46%) (Brújula, 2017[9]). Entre los niños de familias pobres, la proporción de los que tienen un acceso adecuado a internet -es decir, lo suficientemente estable como para permitirles asistir a la escuela desde el hogar- es aún menor (30%) (Escobar, 2020[1]).

Dado que el sistema de salud funcionó al máximo de su capacidad durante la pandemia, gran parte de la carga de la atención sanitaria se trasladó a los hogares. Esto agravó aún más la complejidad de la organización de la asistencia sanitaria y el papel fundamental que desempeñaban las mujeres en el cuidado de la salud de los miembros de la familia (ECLAC, 2020[10]). Una encuesta reciente del Ministerio de Desarrollo Social muestra que en Chile el 70% de las personas mayores bajo cuidados reciben ayuda de sus familiares para realizar sus actividades cotidianas y que las mujeres representan el 72% de los cuidadores (Ministerio de Desarrollo Social, 2017[11]). Estas actividades implican, entre otras tareas, la compra de medicamentos, contratación de servicios y cuidado directo de los enfermos. Del total de personas mayores bajo cuidados que reciben ayuda de fuera de la familia, sólo el 10% remunera al cuidador. Además, el 71% de los hombres chilenos dedicó cero horas al trabajo doméstico y parental durante la semana de realización de la encuesta en julio de 2020 (Escobar, 2020[1]).

En general, la combinación del cierre temporal de los centros de atención y educación con la presión adicional sobre los sistemas de salud, se sumó de manera significativa al tiempo que ya dedicaban las mujeres a las actividades domésticas. Esto llevó a exacerbar una distribución ya desequilibrada de las actividades laborales remuneradas y no remuneradas entre hombres y mujeres de una familia. Según una reciente encuesta elaborada conjuntamente en Chile por el Ministerio de la Mujer y la Equidad de Género y ONU Mujeres para evaluar los efectos del COVID19 , la mitad de las mujeres declararon que el tiempo dedicado al cuidado y trabajo doméstico no remunerado aumentó significativamente (MinMujEG, 2021[12]).

Salud mental

Los cambios de rutina, el aislamiento forzoso y la ansiedad por la pérdida de ingresos han provocado estrés y miedo. Una encuesta de la Universidad de Chile (University of Chile and IMIIMPP, 2020[13]) sostiene que vivir la crisis de la pandemia ha implicado una mezcla de consecuencias generacionales y de género. La proporción de personas que expresan su preocupación por los efectos económicos de la crisis es mayor entre las generaciones jóvenes (grupo etario de 15 y 29 años) que entre grupos de mayor edad. La percepción de que las condiciones de bienestar y salud mental están empeorando también está más extendida entre los jóvenes. Esta sensación parece ser más común entre las mujeres y se manifiestan mediante fatiga, tristeza y angustia. Las conclusiones de la Universidad de Chile corroboran los resultados de otra encuesta que UNICEF ha realizado en nueve países de América Latina y el Caribe. Según esta última, el 27% de los jóvenes de entre 13 y 29 años manifestaron una sensación de ansiedad durante los siete días anteriores a la encuesta y el 15% una sensación de depresión (UNICEF, 2020[14]). Una posible explicación de las diferencias observadas entre los efectos de la edad y el género está relacionada con el hecho de que, para muchas mujeres jóvenes, la interrupción de clases en las escuelas y universidades ha significado un aumento del tiempo dedicado al cuidado de sus hermanos.

Violencia doméstica

Aunque las medidas de confinamiento ayudaron a mantener a las personas a salvo del virus, en el caso de las mujeres ampliaron inadvertidamente su exposición a otros riesgos (OEA, 2020[15]; PAHO, 2020[16]; UN WOMEN, 2020[17]). Además del estrés inducido por una mayor carga de trabajo en el hogar, un riesgo importante se deriva del peligro de la violencia doméstica (UNDP, 2020[18]). En América Latina y el Caribe, donde la violencia de género ya estaba extendida antes de la pandemia, esta cuestión es especialmente preocupante.

Aunque los datos procedentes de fuentes como informes policiales, líneas de ayuda, centros de salud y refugios proporcionan información esencial, es poco probable que reflejen la verdadera situación, ya que las víctimas de violencia a menudo no denuncian dichos episodios por razones relacionadas con la vergüenza, el estigma o el miedo a represalias. Esta falta de denuncias puede ser aún mayor durante la pandemia, ya que las restricciones de movilidad y el miedo al contagio pueden dificultar las opciones de búsqueda de ayuda en persona. Las denuncias por teléfono o Internet también pueden ser limitadas, dado que las víctimas tienen menos oportunidades de realizarlo confidencialmente cuando se encuentran confinadas en casa con su agresor.

A pesar de estas advertencias, el PNUD ha recopilado datos de llamadas a líneas de ayuda en un número seleccionado de países latinoamericanos: Argentina (Línea 137 en Buenos Aires y Línea 144), Brasil (Línea 180), Colombia (Línea 155), Guatemala (Línea 1572), México (Línea Mujeres en Ciudad de México), Paraguay (Línea 137) y Perú (Línea 100 y Chat 100). En todos estos países, el volumen de llamadas a las líneas de ayuda ha aumentado tras la introducción de restricciones a la movilidad. Estos patrones parecen estar respaldados por la evidencia surge de otros estudios regionales que utilizan datos de líneas de ayuda para varios países (UNDP, 2020[18]). La evidencia recolectada por *Infosegura*, quien recopila regularmente datos sobre seguridad ciudadana en países centroamericanos, muestran un aumento de los niveles de violencia de género en Guatemala, El Salvador, Honduras y Costa Rica durante el primer trimestre de 2020 (Infoseguras, 2020[19]).

En Chile, las llamadas realizadas al "1455", la línea telefónica del Servicio Nacional de la Mujer y Equidad de Género, han aumentado en un 229% entre marzo y junio (Fernandez and Lopez, 2020[20]). Los datos del Servicio Nacional de la Mujer y la Equidad de Género (SernamEG) para el período de enero a mayo muestran un aumento igualmente fuerte (Gandara, 2020[21]). La policía informó de un aumento del 119% en las llamadas relacionadas con la violencia física intrafamiliar contra mujeres durante las cuatro semanas que siguieron a la introducción de las restricciones de movilidad (número de asistencia 149) (MINMUJERyEG, 2020[22]). Sin embargo, la presentación formal de denuncias judiciales ha disminuido (CEAD, 2020[23]). Dado que las restricciones han hecho que las comisarías sean menos accesibles para las víctimas que los centros de ayuda, este dato puede ser sólo indicativo de una reducción de las denuncias por la vía legal, en lugar de apuntar a una reducción de la violencia.

Respuesta con políticas sensibles al género para apoyar la seguridad económica

Medidas de apoyo a las PYME y al empleo

El Gobierno chileno ha introducido numerosas respuestas políticas con perspectiva de género para contrarrestar los efectos económicos y sociales de la pandemia (OECD, 2021[2]). Entre las medidas que más han contribuido a la seguridad económica de las mujeres se encuentran el fomento del espíritu empresarial y las subvenciones a los préstamos. Una iniciativa clave consistió en el lanzamiento de un paquete de emergencia de 5.500 millones de dólares para salvar puestos de trabajo y ayudar a las pequeñas empresas. Como complemento, el gobierno también decidió aplazar varios impuestos de las PYME y acelerar la devolución del impuesto a la renta para las PYME (hasta abril de 2020 en lugar de mayo, lo que benefició 500.000 pequeñas empresas). Además, el capital del fondo de garantía para las PYMES (Fogape) se incrementó en 3.000 millones de dólares, con 150.000 préstamos concedidos a principios de julio. Paralelamente, el aumento de capitalización del *Banco Estado* (en 500 millones de USD, con lo que la capacidad de crédito del Banco aumentó en 4.400 millones de dólares) debería traducirse en más oportunidades de financiamiento para los particulares y las PYME.

Una medida clave para hacer frente al gran aumento de la inactividad en el mercado laboral ha sido la concesión de una subvención a la contratación temporal para las empresas, la cual se aplica a todo empleado nuevo y principalmente a la expansión del empleo femenino. La subvención se extiende por un periodo de seis meses y cubre el 60% y 50% del salario bruto de cada contratación de mujeres y hombres, respectivamente. Para que el subsidio a la contratación motive más búsquedas de empleo por parte de las mujeres, se necesita del apoyo de ciertas medidas complementarias, como las destinadas a garantizar el regreso seguro de los niños a los centros educacionales. También se necesita del apoyo de medidas que amplíen el acceso a servicios digitales, desde formaciones virtuales y educación financiera hasta entregas a domicilio y plataformas de comercialización.

Otra opción política es facilitar horarios y acuerdos de trabajo más flexibles. El COVID19 ha contribuido a acelerar la adopción de la Ley de Trabajo a Distancia y Teletrabajo para ampliar el uso del teletrabajo.

Además, la Ley de Protección del Trabajo pretende proteger los ingresos laborales y reducir la jornada laboral o permitir la suspensión temporal de la relación contractual cuando el teletrabajo no sea posible. En estos últimos casos, el seguro de desempleo interviene para proteger los salarios de los trabajadores afectados, al tiempo que garantiza el mantenimiento de las cotizaciones de seguridad social y salud.

Proteger los ingresos

Hay una serie de medidas que entran en la categoría de protección social. Un subsidio especial (bono COVID) está dirigido a 1,5 millones de hogares vulnerables, la mayoría de ellos sin ingresos formales. El programa *Alimentos para* Chile proporciona cestas de alimentos y productos de higiene a familias vulnerables y de clase media en todas las regiones de Chile. Un nuevo fondo para proteger los ingresos del 80% de los hogares más vulnerables tiene como objetivo proporcionar transferencias en efectivo a los hogares vulnerables (Ingreso Familiar de Emergencia). Debería llegar a 4,9 millones de beneficiarios, en función de las circunstancias personales, incluso proporcionando apoyo a los trabajadores independientes.

En julio de 2020 y en respuesta a la pandemia de COVID19, Chile promulgó medidas para padres con permiso parental y para padres y cuidadores de niños nacidos a partir del 2013 (es decir, de siete años o menores). La ley ofrece a los padres una extensión de hasta 90 días de beneficios adicionales de permiso parental y permite a los padres y cuidadores elegibles suspender su contrato de trabajo con los empleadores con el fin de proporcionar cuidados de niños y recibir beneficios de desempleo. Además, 240.000 alumnos de primaria y primer ciclo de secundaria de zonas aisladas recibieron material didáctico y los estudiantes que normalmente tendrían derecho a desayunos y almuerzos gratuitos en la escuela tienen derecho a recibir paquetes de alimentos (MINEDUC, 2020[8]).

La lucha contra la violencia de género

Varias medidas se centran en la prevención y/o respuesta a la violencia contra las mujeres y las niñas y el Ministerio de la Mujer y la Equidad de Género desempeña un papel relevante en los esfuerzos para reforzar las redes digitales disponibles para las víctimas de violencia doméstica (OECD, 2020[24]). En abril de 2020 se lanzaron dos plataformas destinadas a brindar ayuda a las mujeres víctimas y sobrevivientes de violencia, "Chat 1455" y "WhatsApp Mujer", este último a cargo del Servicio Nacional de la Mujer y la Equidad de Género (SernamEG). Ambas plataformas están disponibles las 24 horas del día y son confidenciales y tienen el objetivo de entregar información, orientación y apoyo emocional a las víctimas de violencia. En mayo, el Ministerio de la Mujer y la Equidad de Género anunció una tercera iniciativa, *Mascarilla 19*, que es un código que las mujeres pueden utilizar en las farmacias para denunciar una situación de peligro en el hogar sin tener que llamar a la policía, lo que podría suponer el riesgo de alertar al maltratador. Si una mujer pide una *Mascarilla 19*, el personal de la farmacia sabe que se trata de un caso de violencia y procederá a anotar los datos de la víctima y a pasar la información al Chat 1455 o a la policía.

Las campañas de difusión de apoyo garantizan que la gente conozca la existencia de estos servicios para que las mujeres que lo necesiten llamen para pedir orientación. Estas campañas se apoyan en emisiones televisivas, pero también, y de forma predominante, en redes sociales, lo que limita notablemente la capacidad de llegar a las zonas menos dotadas de conexión fija a Internet. Casualmente, estos son también los lugares conocidos por tener los mayores índices de violencia doméstica dentro del área metropolitana de Santiago: La Pintana, Cerro Navia, Lo Prado, La Granja, Renca y San Ramón.

Además de los servicios de orientación, los programas de protección del SernamEG para víctimas de violencia doméstica abarcan 111 Centros de la Mujer en todo el país, los cuales ofrecen asesoramiento jurídico y apoyo psicológico a las mujeres en situación de violencia. También incluyen 44 Casas de Acogida en el país, que reciben a mujeres en situación de riesgo y violencia extrema. Aunque la construcción aprobada y presupuestada de cuatro refugios adicionales data de antes del inicio de la pandemia, la construcción real sigue pendiente.

Reflexión sobre políticas

La pandemia del COVID19 ha puesto al descubierto la magnitud de los desafíos existentes en el mercado laboral y el bienestar de las mujeres chilenas. El estallido de la pandemia ha provocado una mayor inactividad en el mercado laboral, asociada a una exacerbación del estrés y de los problemas de salud mental y a un recrudecimiento de los episodios de violencia contra las mujeres.

El significativo aumento de la inactividad en el mercado laboral acentúa la importancia de los esfuerzos continuos del gobierno para apoyar a las mujeres más vulnerables. Incluso antes de la pandemia, sólo alrededor del 50% de las mujeres participaban en el mercado laboral chileno, en comparación con el 70% de los hombres. Para agravar esta situación, el cierre de instituciones y recintos de atención a la primera infancia, junto con el aumento de la vulnerabilidad de los ancianos, provocó un incremento de la demanda de atención en los hogares, en un momento en el que el sistema sanitario funcionaba al máximo de su capacidad. La evidencia del gran aumento de la inactividad subraya la importancia de facilitar el acceso a las prestaciones dirigidas a las familias de bajos ingresos -en particular a las monoparentales, que son predominantemente femeninas- y a los programas específicos de apoyo a la reincorporación de las mujeres al empleo.

Apoyar las medidas que consideren la perspectiva de género para evitar un aumento de inactividad. Esto incluye informar activamente a las empresas sobre cómo reducir las horas de trabajo, proporcionar alivio a trabajadores y gestionar indemnizaciones de despido para despidos temporales y bajas por enfermedad. Y, lo que es más importante, también hay que garantizar que los independientes puedan acceder a medidas de emergencia, especialmente los que no tienen derecho a un seguro de empleo. Los efectos de las medidas de apoyo más orientadas al futuro, con potencial para reforzar la resiliencia del empleo femenino y apoyar la igualdad de género en el futuro, merecen una minuciosa evaluación. Esto incluye el seguimiento de los resultados de la adopción de la Ley que regula el trabajo a distancia y el teletrabajo y nuevas medidas para empleados con permiso parental.

Considerar la posibilidad de autorizar la reapertura local de centros educacionales en base a una evaluación de las condiciones de infección específicas de la zona. Al permitir que las familias de las zonas menos afectadas vuelvan a escolarizar a sus hijos, dichas aperturas selectivas animarían a un mayor número de mujeres a buscar activamente un empleo, contrarrestando así el aumento de la inactividad en el mercado laboral, lo cual es una prioridad absoluta. Además, estas aperturas selectivas podrían contribuir a aliviar el daño financiero que sufrieron muchos centros educacionales durante los cierres de escuelas.[1]

Continuar con los esfuerzos para hacer retroceder la aceptación social de la violencia doméstica, destacando cómo este tema afecta a las mujeres en confinamiento. Las importantes medidas para fomentar la introducción de más modos de comunicación electrónicos deben estar complementadas con medidas que garanticen la integración de la prestación de servicios a las víctimas en todas las esferas pertinentes, de modo que todos los organismos públicos que se ocupen de esta cuestión trabajen estrecha y coordinadamente y garanticen un refuerzo del acceso a la justicia durante la crisis. Esto incluye las esferas de la salud, servicios sociales, educación, empleo y justicia.

Más específicamente, todas las medidas de política económica y social mencionadas deben integrarse en esfuerzos más amplios que incorporen una perspectiva de género en las respuestas de los gobiernos a la crisis. A corto plazo, esto significa, en la medida de lo posible, aplicar una perspectiva de género a las políticas de emergencia. A largo plazo, significa que el gobierno ponga en marcha un sistema de integración de la perspectiva de género que funcione y que cuente con un fácil acceso a datos desglosados por sexo en todos los sectores de modo que se pueda evaluar fácilmente sus efectos diferenciales en las mujeres y los hombres.

Referencias

Brújula (2017), *IX Encuesta de Acceso y Usos de Internet*, Subsecretaría de [9] Telecomunicaciones de Chile , Santiago, https://www.subtel.gob.cl/wp-content/uploads/2018/07/Informe_Final_IX_Encuesta_Acceso_y_Usos_Internet_2017.pdf.

CEAD (2020), *Informe de Resultados IV Encuesta de Violencia contra la Mujer en el Ámbito de* [23] *Violencia Intrafamiliar y en Otros Espacios (ENVIF-VCM)*, http://cead.spd.gov.cl/centro-de-documentacion/.

ECLAC (2020), *The COVID-19 pandemic is exacerbating the care crisis in Latin America and the* [10] *Caribbean*, https://repositorio.cepal.org/bitstream/handle/11362/45352/4/S2000260_en.pdf (accessed on 25 January 2021).

ECLAC and ILO (2020), *Employment Situation in Latin America and the Caribbean. Employment* [5] *trends in an unprecedented crisis: policy challenges*, https://www.cepal.org/en/publications/46309-employment-situation-latin-america-and-caribbean-employment-trends-unprecedented (accessed on 25 January 2021).

Escobar, P. (2020), "Coronavirus & Gender: The Other Pandemic in Chile. Paula Escobar", [1] *https://www.youtube.com/watch?reload=9&v=TFQniQmDTpk*, https://www.youtube.com/watch?reload=9&v=TFQniQmDTpk (accessed on 25 January 2021).

Fernandez, J. and K. Lopez (2020), *Radiografía a la violencia intrafamiliar en pandemia: la* [20] *deuda del Estado*, https://www.theclinic.cl/2020/08/17/radiografia-a-la-violencia-intrafamiliar-en (accessed on 25 January 2021).

Gandara, F. (2020), *Violence Against Women in Chile Intensifies During Pandemic*, [21] https://chiletoday.cl/violence-against-women-in-chile-intensifies-during-pandemic/.

Gutierrez, D., G. Martin and H. Nopo (2020), *The coronavirus pandemic and its challenges to* [6] *women's work in Latin America*, http://www.grade.org.pe/en/publicaciones/the-coronavirus-pandemic-and-its-challenges-to-womens-work-in-latin-america/ (accessed on 25 January 2021).

INE (2020), *Banco de datos de la Encuesta Nacional de Empleo*, http://bancodatosene.ine.cl/. [4]

INE (2020), *Boletín estadístico: Empleo trimestral*, Instituto Nacinal de Estadísticas, Santiago, [3] https://www.ine.cl/docs/default-source/ocupacion-y-desocupacion/boletines/2020/pa%C3%ADs/bolet%C3%ADn-empleo-nacional-trimestre-m%C3%B3vil-marzo-abril-mayo-2020.pdf?sfvrsn=bf85a27_6.

Infoseguras (2020), *#MujeresSeguras – Campaña Regional de prevención de violencia contra* [19] *las mujeres*, https://infosegura.org/2020/09/24/mujeresseguras-campana-regional-de-prevencion-de-violencia-contra-las-mujeres/ (accessed on 25 January 2021).

MINEDUC (2020), *Apoyos del Mineduc durante la pandemia del Covid-19*, [8] https://www.mineduc.cl/aprendo-en-linea-docente/ (accessed on 2 July 2020).

Ministerio de Desarrollo Social (2017), *ADULTOS MAYORES Síntesis de resultados* [11] *Contenidos*, http://www.desarrollosocial.cl (accessed on 18 February 2021).

MinMujEG (2021), *Encuesta de Evaluación Rápida sobre el Impacto del COVID-19*, https://minmujeryeg.gob.cl/wp-content/uploads/2020/11/Resutados-RGA-Chile_Final-Web.pdf (accessed on 23 March 2020). [12]

MINMUJERyEG (2020), "Ministra Santelices se reúne con Carabineros para abordar aumento de llamadas por violencia", *Ministerio de la Mujer y la Equidad de Género*, https://minmujeryeg.gob.cl/?p=40152 (accessed on 2 January 2020). [22]

OEA (2020), *COVID-19 en la vida de las mujeres: Razones para reconocer los impactos diferenciados*, https://iris.paho.org/bitstream/handle/10665.2/52034/OPSNMHMHCovid19200008_spa.pdf. [15]

OECD (2021), *OECD Economic Outlook, Interim Report March 2021*, OECD Publishing, Paris, https://dx.doi.org/10.1787/34bfd999-en. [2]

OECD (2020), *Women at the core of the fight against COVID-19 crisis*, OECD Publishing, Paris, https://dx.doi.org/10.1787/553a8269-en. [24]

PAHO (2020), *COVID-19 y la violencia contra la mujer: Lo que el sector y el sistema de salud pueden hacer*, https://iris.paho.org/bitstream/handle/10665.2/52034/OPSNMHMHCovid19200008_spa.pdf. [16]

UN WOMEN (2020), *Prevencion de la violencia de las mujeres frente a COVID-19*, https://www2.unwomen.org/-/media/field%20office%20americas/documentos/publicaciones/2020/05/es_prevencion%20de%20violencia%20contra%20las%20mujeresbrief%20espanol.pdf?la=es&vs=3033. [17]

UNDP (2020), *No Safer Place than Home? The Increase in Domestic and Gender-based Violence During COVID-19 Lockdowns in LAC*, https://www.latinamerica.undp.org/content/rblac/en/home/presscenter/director-s-graph-for-thought/no-safer-place-than-home---the-increase-in-domestic-and-gender-b.html (accessed on 25 January 2021). [18]

UNICEF (2020), *The impact of COVID-19 on the mental health of adolescents and youth*, https://www.unicef.org/lac/en/impact-covid-19-mental-health-adolescents-and-youth. [14]

University of Chile and IMIIMPP (2020), *Modos de sentir: experiencia de vida cotidiana en pandemia*, https://www.uchile.cl/documentos/vida-en-pandemia-informe-1b-experiencia-frente-a-la-crisis_166860_1_2718.pdf (accessed on 25 January 2021). [13]

Women, UN; ECLAC; (2020), *Care in Latin America and the Caribbean during the COVID-19: Towards comprehensive systems to strengthen response and recovery*, https://www.cepal.org/en/publications/45917-care-latin-america-and-caribbean-during-covid-19-towards-comprehensive-systems (accessed on 25 January 2021). [7]

Notas

[1] Cámara de Diputados de Chile (2020), *Proyecto de ley que establece normas para el retorno seguro en la educación inicial, en el contexto de la pandemia COVID19*, https://www.camara.cl/verDoc.aspx?prmID=14044&prmTIPO=INICIATIVA.

www.ingramcontent.com/pod-product-compliance
Lightning Source LLC
Chambersburg PA
CBHW082110210326
41599CB00033B/6656